Jürgen Kleeberg

Schöne Naturgärten –
wie sie entstehen

59 Farbfotos
 4 Farbpläne
17 Zeichnungen

VERLAG
EUGEN
ULMER

Seite 2: In den
Übergangszonen zu
verschiedenen
Lebensräumen
herrscht die größte
Artenvielfalt.

CIP-Titelaufnahme der Deutschen Bibliothek

Kleeberg, Jürgen:
Schöne Naturgärten – wie sie
entstehen / Jürgen Kleeberg. –
Stuttgart : Ulmer, 1989
    ISBN 3-8001-6382-9

© 1989 Eugen Ulmer GmbH & Co.
Wollgrasweg 41, 7000 Stuttgart 70 (Hohenheim)
Printed in Germany
Lektorat: Agnes Bartunek
Herstellung: Gabriele Wieczorek
Umschlaggestaltung: A. Krugmann, Freiberg am Neckar
Titelfoto: Ellen Fischer, Unterentersbach
Satz: Typobauer Filmsatz GmbH, Ostfildern 3
Druck und Bindung: Passavia Druckerei GmbH, Passau

Vorwort

Als ich mit der Arbeit zum vorliegenden Band begann, wurde ich mehrmals von Freunden gefragt, warum denn noch ein »Naturgartenbuch« nötig sei? Darauf kann es nur die Antwort geben, daß jede Möglichkeit der Aufklärung genutzt werden muß. Wenn es gelingt, mit diesem Buch einen Leserkreis zu gewinnen, den dieses Thema bisher trotz der Fülle an Literatur, die es inzwischen gibt, noch nicht erreicht hat, so ist schon viel gewonnen. Niemand darf in diesem Buch »Sensationen« erwarten, doch will ich zumindest versuchen, einen Bogen zu schlagen zwischen den Dogmen eines Urs Schwarz und den Ungereimtheiten eines Le Roy. Das heißt ich will versuchen zu zeigen, daß niemand davor Angst haben muß, einen Naturgarten neu anzulegen oder seinen vorhandenen Garten entsprechend umzuarbeiten.

Auch kleine Schritte sind in der Gesamtheit der Maßnahmen bedeutungsvoll, selbst wenn nicht von Anfang an das bunte, »wohlgeordnete Durcheinander« der Natur angestrebt wird. Ich will aufzeigen, mit welchen Mitteln jeder von uns Natur verstärkt in den Garten zurückholen kann. Weder muß dabei der Wunsch nach einer schöpferischen Gestaltung des eigenen Gartens unterdrückt

werden, noch steht am Ende einer solchen Entscheidung für die Natur unausweichlich als Schlußgesellschaft das Dikkicht in all seinen Formen, welches die Bewohner ins Haus zurückdrängt.

Mein Ziel ist es, deutlich zu machen, wie schon die kleinsten Schritte hin zu einem Garten mit mehr Natur positiv auf das Ganze wirken, auch wenn natürlich die etwas größeren Schritte wünschenswerter scheinen. All jenen, denen der Mut zu großen Schritten fehlt, die andererseits aber erkennen, wie wenig ihr Garten eigentlich ein Garten ist, sollen einen Anreiz erhalten, den ersten Schritt zu wagen. Das Gesagte berührt aber nicht nur den privaten Garten. Sondern auch unsere öffentlichen Anlagen sind durch Versimpelung und »Entnaturierung« verarmt. Dafür hoffe ich auch hier auf Leser in den Verwaltungen, die vielleicht nach der Lektüre nicht mehr sofort dem Ruf nach »Unkrautex« unwidersprochen folgen.

Natur im Garten ist nur dann möglich, wenn jemand außerordentlich faul ist oder die Zusammenhänge der Natur begriffen hat!

Jürgen Kleeberg
Berlin, Sommer 1989

Inhaltsverzeichnis

Das Ziel dieses Buches

Der Sinn der folgenden Ausführungen liegt nicht etwa nur in guten Ratschlägen für Gestaltung und Technik eines naturnahen Gartens. Vor allem möchte ich den Gartenbesitzer mit Hintergrundinformationen versorgen, so gut das der Umfang dieses Buches eben vermag. Dieses Buch soll

– Verständnis wecken für die Zusammenhänge in der Natur
– dadurch den Leser weiter für allgemeine Umweltfragen sensibilisieren
– die Beziehung zwischen Garten und Landschaft deutlich machen
– etwas von den Zusammenhängen zwischen Kultur und Natur vermitteln
– Verständnis zur Beachtung der »Natur vor der Haustür« wecken
– ökologisches Grundwissen in leicht verständlicher Art aufbereiten
– Naturkreisläufe in Gang setzen oder erhalten

Dieses Buch ist also kein Gartengestaltungs- oder Gartentechnikbuch, auch kein Bio-Garten-Buch.

Unsere Industriegesellschaft ist eine Ruderal-Gesellschaft, die auf dem Schutt ihrer Vorfahren aufbaut und auf ihm lebt. Seit der Aufgabe des Nomadenlebens ist dies so geworden. Durch die geschichtliche Betrachtung will ich aufzeigen, daß der Begriff »Natur« für uns nichts weiter als eine positive Auslegung des Kulturschaffens bedeutet. Alles, was wir heute in unserem Land mit dem Prädikat Natur oder natürlich belegen, ist in Wirklichkeit Kulturwerk, welches ohne Schutz oder Einfluß des Menschen eine ganz andere Entwicklung nehmen würde. Paradoxerweise gilt dies auch für die Naturschutzgebiete! Was also der Erde geschieht, ge-

schieht auch den »Erdlingen« – und zu denen gehört der Mensch. Ich meine der Gartenbesitzer soll erkennen, daß das was er tut, sinnvoll für das Ganze ist und nicht nur ein Wohnzimmereffekt. Ich gebe daher nur begrenzt Beispiele zur Gestaltung und Technik und setze auf andere Informationen für den Leser, welche ihn motivieren, diese als neue Erkenntnisse seiner Landschaft entsprechend umzusetzen.

Vielleicht kann das Buch auch all jenen als Ersatz dienen, denen ein Lehrbuch der Ökologie zu kompliziert ist. Da mag es dann wohl nebensächlich sein, daß es tatsächlich nur Fragmente dieses Wissens wiedergeben kann. Hauptsache der Gartenbesitzer schöpft daraus ein neues Naturverständnis und praktiziert es in lebendiger Weise in seinem Garten.

»Veronika, der Lenz ist da!« Auch Schlagertexte vermitteln die Lust am Naturerleben. Die hier abgebildete Blüte einer Veronica ist damit allerdings nicht gemeint, auch wenn sie im Lenz blüht.

Eine kurze Geschichte der Gartenkultur

Das Thema Naturgarten hat natürlich auch etwas mit dem Garten zu tun. Daher möchte ich die Entwicklung der Gärten und die damit verbundenen äußeren und inhaltlichen Wandlungen einer geschichtlichen Betrachtung unterziehen. Auch sie sind ein Spiegel des Umganges mit der Natur. Ich meine, es darf nicht der Zusammenhang verloren gehen zwischen dem, was wir tun, und dem, warum wir es tun.

Die frühen Gärten

Der Garten Eden

Am Anfang der Menschheitsgeschichte steht das Paradies, der Garten Eden. Das Ideal dieses paradiesischen Gartens ist seit Jahrtausenden im menschlichen Denken verhaftet und wird gleichgesetzt mit der Naturhaftigkeit aller dort vorkommenden Elemente (»natürlich« vorkommend) und dem Einklang zwischen Mensch und Natur. Der Sündenfall schließlich beendet aber das Leben des Menschen in dieser idealen Gartenlandschaft.

Ägypten

Die ältesten uns überlieferten Gartenanlagen befanden sich in Ägypten. Das Alte Reich (etwa 2660 bis 2130 v. Chr.) war die erste große Blütezeit Ägyptens. Das Land am Nil besaß bereits zu dieser Zeit eine hoch entwickelte gärtnerische Kultur und war überwiegend auf den Nutzgarten ausgerichtet. Aber in Ägypten verehrte man Bäume und liebte die Blumen. Die Sitte, Gäste mit Blumensträußen willkommen zu heißen, war in Ägypten ebenso bekannt wie Kränze zu flechten.

Schon in dieser Gartenkultur gesellten sich durch Handel und Expeditionen fremdländische zu den heimischen Pflanzen. Beispiele sind Tamariske, Feigenbaum, Dattelpalme oder die Sykomore, der von der Königin Hatschepsut in Kübeln eingeführte Weihrauchbaum.

Babylonien und Assyrien

Im Garten Eden entsprang ein großer Strom, der sich teilte und zu vier Hauptflüssen wurde. Ihre Namen sind Pischon, Gihon, Tigris und Euphrat. Tigris und Euphrat sind die Lebensadern des Zweistromlandes Mesopotamien, in welchem sich so bedeutende Hochkulturen wie die der Babylonier und Assyrer entwickelten. Um 1150 v. Chr. wird sowohl von natürlichen als auch künstlich angelegten, ausgedehnten Jagdparks der Könige dieser Kulturen berichtet. Sie wurden als Paradiese bezeichnet und sind uns bis heute in den Motiven orientalischer Teppiche überliefert.

Aber auch architektonische Gartenschöpfungen von höchster Vollkommenheit entstanden in diesem Kulturkreis. Die bekanntesten sind die zu den sieben Weltwundern des Altertums zählenden »Hängenden Gärten der Semiramis«. Diese als Dachgartenterrassen ausgeführten Gärten waren aber nicht das Werk der »Semiramis«, einer babylonischen Prinzessin mit dem Namen Sammuramat, sondern der babylonische König Nebukadnezar II. (605 bis 562 v. Chr.) erbaute sie für seine Gemahlin Amythis.

Diese Dachgärten sollten wohl die fernen Berglandschaften mit all ihren Naturelementen nachempfinden. Vielleicht war dies tatsächlich der Versuch, einen Garten nach dem Vorbild der Natur zu schaffen.

Griechenland und Rom

Die Entwicklung der griechischen Gärten fußte, soweit uns bekannt ist, auf arabischen Einflüssen und entwickelte sich erst ab einem sehr späten Zeitpunkt eigenständig weiter. Allerdings ist bedingt durch die permanenten kriegerischen Auseinandersetzungen von einer griechischen Gartenkultur nichts Bedeutendes bekannt – ganz im Gegensatz zum Einfluß, den die Hellenen bis in unsere Zeit auf allen anderen Gebieten ausübten. Das Weltbild des griechischen Kulturkreises war eine von Göttern belebte Natur, in die deshalb nicht wesentlich eingegriffen wurde. Die sehr spät unter orientalischem Einfluß einsetzende Gartengestaltung wurde bei den Griechen etwa zeitgleich mit den Römern, etwa um die Zeitenwende, weiterentwickelt. Als Vorbild für die gesamte europäische Gartenkultur »exportierten« sie die Römer in die eroberten Gebiete.

In den römischen Gärten dieser Zeit beherrschte der Gestaltungswille die Naturelemente. Durch Reisen und Handel fanden viele fremdländische Pflanzen Eingang in die Gärten. Im Altertum wurden also neben allen kulturellen Leistungen auch der Grundstein zu einer vollständigen Wandlung des Landschaftsbildes der Mittelmeerländer gelegt. Diese einst reich bewaldeten Regionen wurden durch den enormen Bedarf an Bauholz für Gebäude und Schiffsbau zu großen Teilen entwaldet und der Landschaft wurde dadurch großer Schaden zugefügt.

Gärten in Mitteleuropa

Mittelalterliche Gärten

Erst aus den Schriften und Edikten Karls des Großen (742 bis 814 n. Chr.) erfahren wir etwas über die Entwicklung der Gärten hierzulande. Zuerst waren es die Klöster, welche mit dem Wissen der Antike Gärten mit streng geometrischer Aufteilung anlegten. Der Anbau von Heilkräutern, Gemüse und Obst machte diese Gärten zunächst zu reinen Nutzgärten, die erst in der Folgezeit durch Blumengärten ergänzt wurden. Man kann sich aber leicht vorstellen, daß diese Gärten, trotz ihrer reinen Nutzanwendung, keine Nachteile für die Natur brachten, sondern im Gegenteil auch kleinen und größeren Tieren Lebensraum bzw. Nahrung boten, sofern diese »Schmarotzer« nicht als Plage bekämpft werden mußten.

In seiner Gesamtheit stellt das Mittelalter (etwa von 400 bis 1500 n. Chr.) in unserem Kulturkreis einen Zeitabschnitt dar, welcher den Garten im wesentlichen als Nutzgarten begreift, der meist nur im Schutze von Burg-, Kloster- oder Stadtmauern eine Überlebenschance hat. Erst in den letzten drei Jahrhunderten dieser Epoche tritt langsam ein Wandel hin zum Zier- und Lustgarten ein. Etwa ab 1400 entstanden mit dem Beginn der Renaissance vor allem in Italien Gärten nicht mehr nur unter dem Aspekt der Nutzung. Interessanterweise schien diese Zeit die Natur in ihrer Kausalität nicht erkannt zu haben. Ein Naturempfinden, wie viele von uns es heute entwickeln, war nicht gegeben.

Barockgärten

Dem Renaissance-Garten, der keine Beziehung zur umgebenden Landschaft suchte, folgte in Frankreich um 1600 der barocke Garten, welcher nun durch axiale Blickpunkte sowohl zum Haus wie zur Landschaft optische Beziehungen herstellte. Gerade dem Barockgarten ist

reichen können. Während in Frankreich der Barockgarten zur höchsten Blüte kam, verhinderte der Dreißigjährige Krieg im deutschsprachigen Raum überhaupt jegliche Entwicklung der Gartenkultur. Zumindest machte der Krieg die hier und da vorhandenen Ansätze zunichte. Selbst auf dem Lande wurden kaum noch Nutzgärten angelegt, weil sie in den Kriegswirren immer wieder geplündert und zerstört wurden.

Landschaftsparks

Während die barocke Gartenentwicklung mit den kleineren, auf menschliche Maßstäbe reduzierten Rokokogärten (wie zum Beispiel Sanssouci, bei Potsdam) ihren Ausklang fand, entwickelte sich um 1700 in England der landschaftlich orientierte Gartenstil. Obwohl ein wirklich schädigender Einfluß des barocken Gartens auf die Naturvorgänge im eigentlichen Sinne nicht gegeben war, blieb er ein Gebilde, welches die Herrschaft des Menschen über die Natur dokumentierte. Insofern findet mit dem englischen Gartenstil die erste bewußte »Zurück zur Natur«-Bewegung statt, welche die Ursprünglichkeit der Naturelemente wieder in den Garten zurückholen wollte.

Der englische Garten hat geschwungene Wege, statt regelmäßig beschnittener Bäume und Sträucher natürlich gewachsene Gehölzgruppen und weite Wiesen- und Rasenflächen. Der sentimentalen Naturauffassung eines Rousseau folgend, der übrigens in seinem »Gesundheitsevangelium« das Schlagwort »Zurück zur Natur« prägte, wurden später nach chinesischem Vorbild Pagoden, Tempel, Moscheen oder künstliche Ruinen in den landschaftlichen Gärten errichtet.

Bereits um 1730 hatte der englische Gartenstil allgemeine Anerkennung gefunden, und sein Meister war William Kent. Kent fand den Garten, wo er ihn suchte, in der Natur.

Die landschaftliche Einbindung dieses Nutzgartens gelang auch in baulicher Hinsicht in hervorragender Weise. Besonders an der Mauer spürt man die Verzahnung der Vegetationselemente.

in bezug auf das Thema Natur viel Unrecht geschehen. Sein architektonisches Gefüge wirkte sich nur bei besonders kleinen Anlagen »negativ« aus, wie sie vielleicht bei begüterten Leuten in Städten anzutreffen waren. Denn hier war tatsächlich der Gartenraum bis in den kleinsten Winkel künstlerisch durchgestaltet, und die Natur der Form unterworfen. Bei Anlagen wie beispielsweise von Versailles bei Paris waren völlig andere Verhältnisse gegeben. Wohl gab es auch in Anlagen dieser Größenordnung Bereiche, in denen die Kunst die Natur völlig zurückdrängte. Aber schon die langen, in die Landschaft greifenden Baum- und Heckenwände, die zwar noch die formende Hand des Gärtners und Künstlers aufwiesen, waren bereits voll integrierter Lebensraum der heimischen Tierwelt. Die dazwischenliegenden großen Boskets boten dem Wild Deckung und Nahrung und auch die heckenumschlossenen Wiesenräume, zum Teil mit Obstbäumen bestanden, boten einer vielfältigen Tier- und Pflanzenwelt ausreichend Lebensraum.

Der barocke Garten war also in keiner Weise ein langweiliger, naturtötender Erlebnisraum, wie heute allzuoft fälschlich angenommen wird, sondern er strotzte geradezu vor einer Vielfalt an Pflanzen, die wir heute bei der Anlage moderner regelmäßiger Gärten gar nicht mehr erreichen können.

Vor allem Philosophen, Schriftsteller und Maler waren es, die mit der Darstellung landschaftlicher Schönheiten Kritik am regelmäßigen Garten übten und zu einer Wende in der Gartenkunst beitrugen. Aber auch solche Landschaftsanlagen verursachen enorme Kosten und so verwundert es nicht, daß ihre Besitzer darauf bedacht waren, ihre Parks in enger Verbindung mit der Landwirtschaft zu sehen, deren Produktivität es zu steigern galt.

Der englische Garten wurde zu einem »Exportartikel«, um so mehr als die Zeit des Landschaftsgartens mit der außerordentlich starken Entwicklung der Berufsgärtnerei und Pflanzenzucht in England zusammenfällt. Der Siegeszug des Landschaftsgartens war nicht mehr aufzuhalten, und bereits Ende des 18. Jahrhunderts waren viele ehemals barocke Gartenanlagen in Mitteleuropa nach englischem Muster umgestaltet. Neue Anlagen entstanden – bis auf wenige Ausnahmen – ausschließlich nach der neuen Stilrichtung. Als die ersten großen Schöpfungen dieser neuen Bewegung in Deutschland entstanden der Park zu Wörlitz und der englische Garten in München, der 1780 von Friedrich-Ludwig von Sckell, einem der bedeutendsten deutschen Landschaftsgestalter, begonnen wurde.

Ihm folgen Peter-Josef Lenné und Fürst Hermann Pückler-Muskau, die die tragenden Persönlichkeiten der Parklandschaften des 19. Jahrhunderts in Deutschland waren. Was diese Gartengestalter im vorigen Jahrhundert geschaffen haben, sei es in Glienicke (heute Berlin-West), in Muskau oder Branitz, genießt der heutige Betrachter als Natur, ohne sich, wie Georg Potente schreibt, »eine Vorstellung zu machen von dem gestaltenden Menschen und dem Unmaß gedanklicher, finanzieller, technischer und handwerklicher Arbeit, die zu ihrem Entstehen nötig war ...« Vor allem der Gartenarchitekt Lenné stand dabei den Pro-

Wie hier der Schloßgarten von Moritzburg, »verlandschaften« die alten barocken Gartenanlagen bei mangelnder Pflege sehr schnell. Wiesennutzung gab es aber in diesen Gärten schon zur Zeit ihrer Entstehung.

Zu den prämierten Einsendungen eines Wettbewerbs, den die Zeitschrift »Woche« 1907 veranstaltet hat, gehört der Entwurf für einen Garten im Neandertal des Düsseldorfer Gartenarchitekten Lepelmann. Er zeigt die zeitgemäße Ausstattung von regelmäßig angelegten Gärten.

blemen der Bevölkerung sehr nahe, die immer stärker unter der immer schneller fortschreitenden Industrialisierung zu leiden hatte. Die Naturverluste, wie wir sie heute zum Beispiel durch die ausufernden Städte weiterhin beklagen, nahmen damals ihren Anfang.

Ein neues Bild der Natur

Das beginnende 19. Jahrhundert begreift und erforscht systematisch und mit rasender Geschwindigkeit die Naturvorgänge, was sich in Wissenschaft, Literatur, Malerei, Architektur und Gartenkunst dokumentiert. Man würdigt nicht nur den natürlichen Garten um seiner selbst willen, sondern man sieht ihn auch in Verbindung mit seiner Umgebung. Die Verschönerung der Landstraßen mit Bäumen ist ebenso Thema von wissenschaftlichen Abhandlungen wie die Ausnutzung der Wärme von Stallungen (heute Biowärme genannt) oder die Erkenntnis, daß die Abnahme der Vögel eine Zunahme der Raupen bedeutet. Bedenken wir jedoch, daß der Ziergarten ein Privileg der wenigen Reichen war, die mehr und mehr den bürgerlichen Schichten entstammten. Die Gärten vor allem auf dem Lande waren in erster Linie Nutzgärten.

Zeitschrift und Buch trugen zur Verbreitung der neuen Erkenntnisse über die Natur bei. Alexander von Humboldt kehrte mit Erkenntnissen beladen von seiner Expedition um die Welt zurück und stellt 1807 in seinen »Ansichten der Natur« nicht nur einen »Überblick der Natur im Großen« dar, sondern führt auch den »Beweis von dem Zusammenwirken der Kräfte«. Auch der »Verein zur Beförderung des Gartenbaus«, zu dessen Gründern Lenné gehörte, förderte seit 1824 und bis in unser Jahrhundert hinein mit seiner Vereinszeitschrift das Naturverständnis und diente damit der Landeskultur in künstlerischem Sinne. Einem ähnlichen Zweck dienen Bücher, wie das von Hermann Masius mit dem Titel »Naturstudien«. Darin werden einzelne Charakterbilder von Pflanzen und Tieren und Vegetationsbilder deutscher Landschaften beschrieben. Ab 1852 erscheint der Titel fast 30 Jahre lang in immer neuer Auflage.

Trotzdem gab es damals bereits Naturzerstörung, die öffentlich beklagt wurde. Dazu kam in weiten Bevölkerungskreisen ein mangelndes Naturverständnis. Ob die »Grünen« wohl wissen, daß ihre mit dem gleichen Begriff bezeichneten Vorgänger bereits 1853 von F. Th. Bratranek in seinen »Aesthetischen Studien« beschrieben wurden:

»Wenn aber auch nur der sogenannte Grüne solcherlei Zuständen preisgegeben ist, nur jener die zerschundene Hand verdrießlich zurückzieht, der so ohne Weiteres die Rose brechen wollte, so wird doch auch die ganze Richtung des Menschenlebens, welche im Grunde von derselben Ansicht ausgeht und die Natur als bloßes Mittel für die Befriedigung des momentanen Bedürfnisses behandelt, zuletzt zu keinem verständigeren Resultate gelangen.«

1886 prägte E. Haeckel den Begriff der Ökologie. Schon 1844 wurde in Dänemark das erste *Sphagnum*-Moor gesetzlich unter Schutz gestellt, da man die Bedeutung solcher Biotope für die Natur und die Landeskultur und deren geschichtlicher Entwicklung erkannt hatte. Die lebhafte Entwicklung eines neuen Naturgefühls ging einher mit einer ganz anderen Entwicklung, nämlich der Industrialisierung. Und wenn man bedenkt, daß sich damals im 19. Jahrhundert die Bevölkerung Deutschlands mehr als verdoppelt hat, so wird man verstehen, daß in kürzester Zeit ganze Städte aus dem Boden »gestampft« wurden. Im Zuge dieses Baugeschehens ging nun erstmals für jedermann sichtbar Naturraum in größerer Ausdehnung verloren.

Die Gärten der Neuzeit

Das 20. Jahrhundert

Die Naturentfremdung im 19. Jahrhundert ging zwar noch nicht mit einer wirklichen, dauerhaften Schädigung des gesamten Naturhaushaltes einher. Dennoch wurde in dieser Zeit die so heftige Gegenbewegung der ersten Naturschützer hervor gerufen.

Schon um die Jahrhundertwende hatten sich überall in Deutschland Vereinigungen für die Naturdenkmalpflege gebildet, und der damals geäußerten Befürchtung der Vernichtung ganzer Lebensräume sind wir inzwischen erschreckend nahe! Den innerstädtischen Naturverlust versuchte man verstärkt zwischen 1870 und 1930 mit zum Teil großartigen Gartenanlagen, Volksparks und Grünzügen zu kompensieren. Im Zuge dessen schwillt die Gartenliteratur zu unüberschaubarer Masse an. Zum Beispiel preist Karl Foerster das Erlebnis des Menschen durch den Blüten- und Pflanzenreichtum im Garten. Der Naturschutzgedanke hat sich bis dahin voll etabliert und hat Eingang in weite Kreise der Bevölkerung gefunden. Jedoch arbeitet er in dieser Phase noch konservierend und die eigentliche Gestaltung der Landschaft unter naturnahen Gesichtspunkten wird im Zuge der weiteren industriellen und städtebaulichen Entwicklung unseres Landes von führenden Gartengestaltern wie Gustav Allinger oder Hermann Mattern getragen.

Seit dem Ersten Weltkrieg läßt sich – wenn auch sehr langsam – aufgrund der weiteren industriellen Entwicklung und der gesteigerten Mobilität ein gesteigerter Verbrauch der Landschaft feststellen. Wirklich bedrohlich aber zeigte sich diese Entwicklung mit dem Beginn der sechziger Jahre, denn von nun an galt Natur nichts mehr und wirtschaftlicher Aufschwung alles. Straßen, Autobahnen, Flughäfen, Einfamilienhäuser und Industrieanlagen zerstückelten unsere Landschaft und fraßen sie auf.

Besaß der Hausgarten oder Siedlergarten nach 1918 bis Ende der Fünfziger Jahre trotz seines Versorgungscharakters noch eine naturnahe Prägung, mußte er jetzt pflegeleicht sein. Der Garten hatte zu bestehen aus Rasen, Blautännchen, Hecke, Platten und sonst nichts. Verbissen wurde jedes scheinbare Unkraut bekämpft und kein chemisches Mittel war zu teuer, wenn nur Aussicht auf Erfolg bestand. Der Anbau von Obst und Gemüse war schließlich nicht mehr nötig, denn der Handel lieferte alles billig und gut, und zwar ohne den lästigen Kampf gegen all die Schädlinge.

Die heutige Situation

Der Ausverkauf der Natur hat nach 1945 auch auf ganz privater Ebene, in den Gärten Fuß gefaßt. Warnende Stimmen gab es schon früh, aber erst zu Beginn der siebziger Jahre begann sich erneut eine diesmal ökologisch orientierte Gegenbewegung zu formieren. Viel hat sich seit dieser Zeit im Bewußtsein des einzelnen vollzogen, und doch hat sich so wenig in Form wirklich entscheidender Verbesserungen für den Naturhaushalt getan.

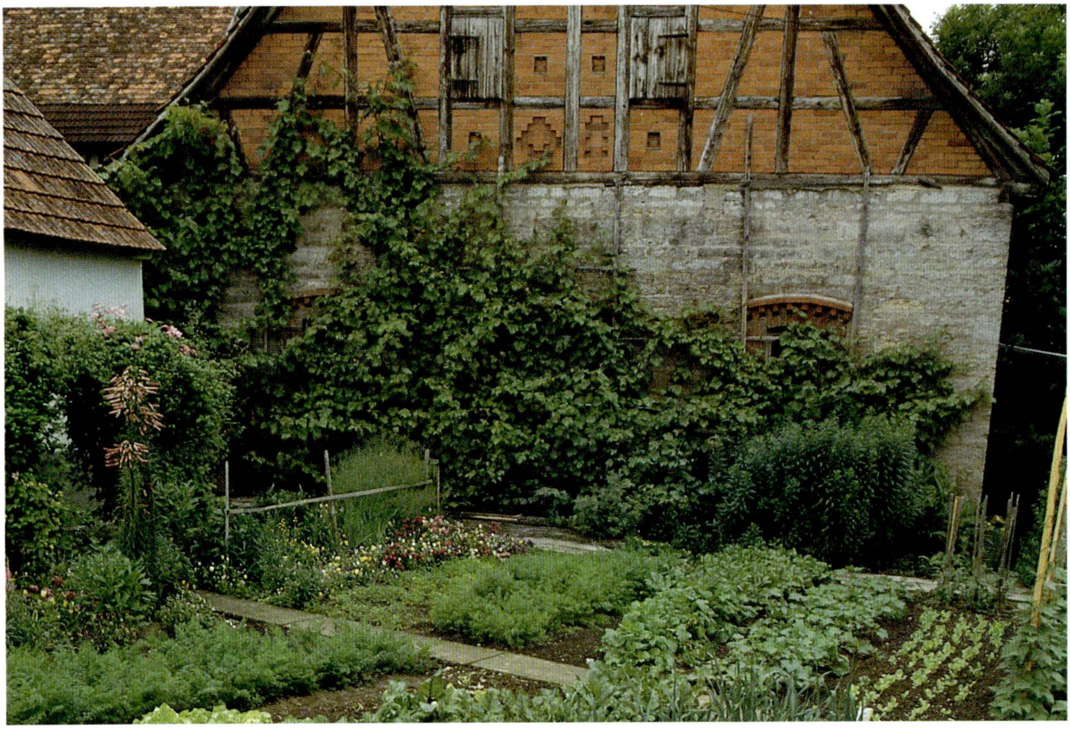

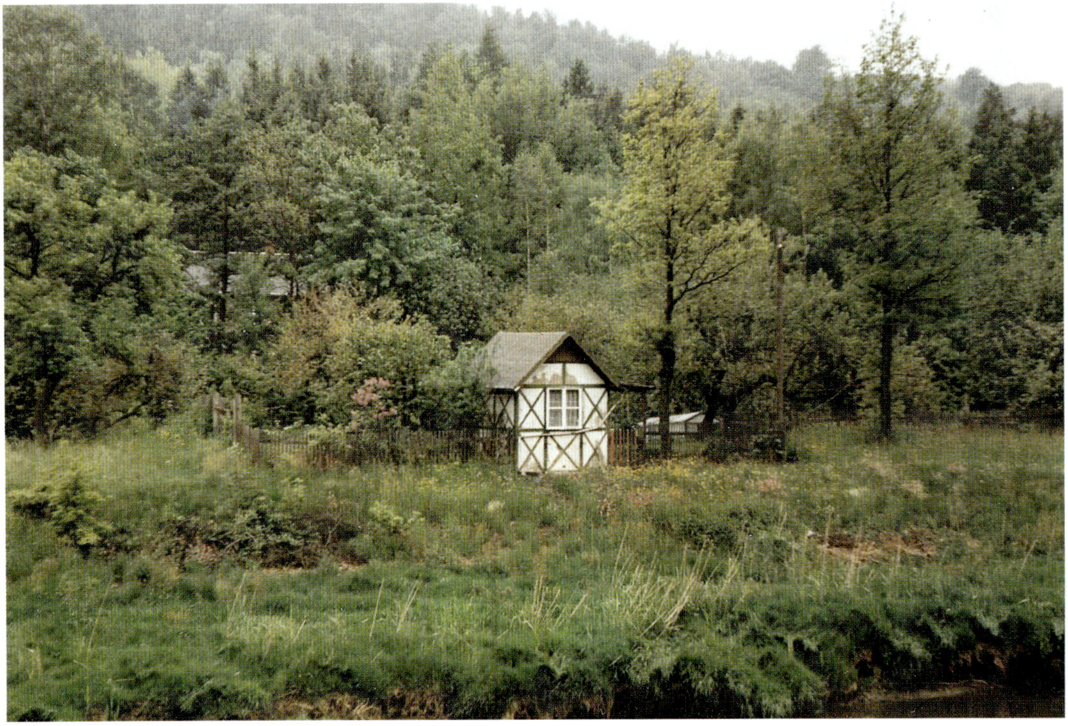

Der Begriff Naturgarten

Naturgarten, naturnaher Garten, Wildgarten, natürlicher Garten und ähnliche Begriffe oder Begriffspaare lassen sich finden, um auszudrücken, daß Natur wieder einen Platz im Garten haben soll. Wenn ich einen Zaun um ein Stück Wiese oder Wald ziehe, alles wachsen lasse, wie es will und wie es die Naturkräfte beeinflussen oder verändern, – habe ich dann einen Naturgarten? Nein, bestenfalls habe ich ein neues Naturschutzgebiet geschaffen.

Abgesehen davon, daß sich in unserem Land vermutlich keine wirkliche Naturlandschaft mehr findet, sondern alles (auch das, was wie unberührte Natur aussieht) durch den menschlichen Einfluß als Kulturlandschaft charakterisiert ist, so zeichnet sich ja gerade der Garten durch menschliche Einflußnahme aus.

Wie entsteht aber nun ein Naturgarten? Hört man einfach mit der Gartenarbeit auf und beobachtet vom Fenster aus, was passiert? Kann man, nachdem das Häuschen endlich fertig geworden ist, den Bauschutt einfach liegen lassen und abwarten? Muß alles, was an nicht einheimischen Pflanzen im Garten steht, herausgerissen werden, um heimischer Natur Raum zu bieten? Findet mein schrottreifes Auto seine letzte Ruhe im Staudensaum? Kann eine solche Szene angesichts der Eroberung durch die Natur ein Element des Naturgartens sein? Handelt es sich überhaupt noch um einen Naturgarten, wenn ich ihn doch künstlich anlege, wenn ich einen Teich baue, Boden anschütte, große Steine herbeiwuchte, Wiesensaat ausstreue, natürliche Pflanzengesellschaften pflanze und einen Frosch aussetze? Oder ist der Garten dann nur naturnahe? Ist mein Garten schon naturnahe, wenn er neben einem Bach oder einem Wald liegt? In unserem Sinn natürlich nicht! Muß der Wildgarten wild im Sinne von unordentlich sein? Natürlich auch nicht, denn die Natur kennt bestenfalls ein »wohlgeordnetes Durcheinander«, jedenfalls belegen wir mit diesem Begriff den gesunden Naturhaushalt.

Und der natürliche Garten? Ist das nur ein ästhetisches Phänomen, ein stimmungsvoller Augenblick, oder verbirgt sich hinter ihm tatsächlich nur Lebensraum für natürliche Vorgänge? Vielleicht ist beides möglich. Die hier in loser Abfolge aufgeworfenen Fragen spiegeln einen Teil der tatsächlich geführten Diskussion um den »Naturgarten«, oder wie wir ihn sonst noch bezeichnen wollen, wider. Die unterschiedlichen Auffassungen gehen da weit auseinander.

Die einen legen großen Wert darauf, daß wenigstens alle Grundelemente landschaftstypisch sind. Das heißt, daß die Böden nicht durch Kunstgriffe verändert und keine Abgrabungen oder Aufschüttungen vorgenommen werden. Es darf gepflanzt oder gesät werden, aber nur das, was sich ohnehin ansiedeln würde. Diese sehr dogmatische Vorgehensweise ist nicht jedermanns Sache. Sie bietet aber auch keinen Anlaß zur Kritik.

Eine ganz andere Auffassung vom »Naturgarten« dokumentiert sich in der künstlichen Schaffung von Vielfalt. Hügel, Mulden, Steine, Sandplätze, modernde Holzstämme, Hecke, Kräuter, Gewässer und andere Gartenelemente bieten Lebensraum für viele Tier- und Pflanzenarten. Letztlich finden sich auch Tiere und Pflanzen ein, die unter Umständen

Oben: Im Bauerngarten finden viele Nahrungsspezialisten eine Lebensgrundlage.

Unten: Dieser Kleingarten erscheint als Bestandteil der umgebenden Landschaft. Wechselbeziehungen zwischen Garten und Landschaft gibt es hier in Hülle und Fülle.

für eine bestimmte Landschaft ganz untypisch sind, weil sie nur in diesem Garten einen entsprechenden Lebensraum finden.

Schließlich gibt es noch die traditionellen Nutzgärten auf dem Lande: Bauerngärten, Obstgärten, Gemüsegärten, Baumgärten und andere. Sie sind im Grunde seit Jahrhunderten mit der Natur verwachsen, bieten vielen Tieren Heimstatt und Nahrung und verfügen über genügend Raum für viele Pflanzen, die sich hier ansiedeln können. Dürfen wir sie etwa nicht zu dem Typ Garten zählen, den wir mit all den verschiedenen und doch im Kern ähnlichen Begriffen belegen? Ich meine, wir dürfen! Ein »guter Naturgarten« schließt den Nutzgarten nicht aus. Aber das sind genau die Auffassungsunterschiede, von denen ich sprach. Es ist wohl nicht sinnvoll, den Versuch zu unternehmen, solche Begriffe einer endgültigen Definition zuzuführen. Denn all die eingangs angeführten Bezeichnungen haben doch eines gemeinsam – sie wollen zeigen, daß ein Garten, der keinen Lebensraum für Pflanzen und Tiere bietet, letztlich ein totes Gebilde bleibt.

Ich möchte die Begriffsfrage für dieses Buch nicht im streng wissenschaftlichen Sinne geklärt sehen, sondern sie eher auf die wesentlichen charakteristischen Merkmale reduzieren, die solche Gärten, wie ich sie hier beschreiben will, auszeichnen und vereinen. Der Zweck dieses Buches kann es nicht sein, *den* Naturgarten zu beschreiben. Ich will darstellen, was jeder von uns tun kann, um verstärkt der Natur im Garten eine Chance einzuräumen.

Zuerst müssen wir uns klar machen, daß die Umweltzerstörung vor der eigenen Haustür beginnt – im eigenen Garten. Und niemand, der mit der Giftspritze im eigenen Garten hantiert, dürfte ohne schlechtes Gewissen über die »großen« Umweltsünder herfallen, die mit einem Schlag und großflächig Natur vernichten. Das schafft ein Millionenheer von Gartenbesitzern letztlich auch, nur mit anderen Mitteln und eben nicht so spektakulär.

Ein naturnaher Garten sollte

– nie mit chemischen Giften behandelt werden
– weitestgehend standortgerecht bepflanzt sein
– Tieren Unterschlupf und Nahrung bieten
– natürliche und unbehandelte Baumaterialien aufweisen, zum Beispiel Holz, Natursteine
– möglichst nicht künstlich gedüngt werden
– biologisch gepflegt werden
– unterschiedliche und dadurch vielfältige Lebensräume aufweisen
– landschaftstypische Elemente aufweisen

Abschließend sei noch einmal anhand eines sicherlich allgemein bekannten Beispiels auf die Relativität der ganzen Frage nach einer Abgrenzung der Begriffe hingewiesen. Die Lüneburger Heide, eine Landschaft voller Poesie und einzigartig in Europa, ist durch jahrhundertelange Eingriffe des Menschen in die ursprüngliche Landschaft entstanden. Eichen-Birken-Mischwald auf den Sandflächen und Eichen-Hainbuchenwald auf den besseren Böden prägten bis ins späte Mittelalter diese Landschaft.

Der Bedarf an Bauholz führte zur Abholzung, und riesige Heideflächen breiteten sich aus. Das schon zu Beginn unseres Jahrhunderts unter Naturschutz gestellte Gebiet ist in Wirklichkeit ein reines »Kulturschutzgebiet«; denn ohne die Beweidung durch die Heidschnucken, das heißt ohne den menschlichen Einfluß, wäre hier Wald. Die Lüneburger Heide wird vom Menschen auf einer ganz bestimmten Entwicklungsstufe gehalten. Wenn ich in der Folge Begriffe wie »Naturgarten«, »naturnaher Garten« verwende, dann ist kein ganz bestimmter Garten gemeint, sondern ein Garten, in dem die Natur genügend Raum hat, sich zu entfalten, in dem sie nicht nur toleriert, sondern auch gefördert wird.

Die Naturelemente des Gartens

Die natürlichen Grundlagen, welche ein bestimmtes Grundstück auszeichnen, sollten für Gärten, wie ich sie dem Leser nahebringen will, der Maßstab sein, an dem es sich zu orientieren gilt. Die Ausführungen zu diesem Thema sind also Denkanstöße für den Leser, sich diese Elemente bewußt und nutzbar zu machen. Sicher muß man an dieser Stelle klar erkennen, daß es gerade in den dicht besiedelten Räumen schon fast ein Privileg bedeutet, einen unverdorbenen Boden als Grundlage für den Garten sein eigen nennen zu können. Und ebenso wie es oft durch Schutt und Mörtel verseuchte Böden in Siedlungsgebieten gibt, stellen sich auch die übrigen Standortfaktoren als nicht natürlich in unserem Sinn dar. Die Gesetzmäßigkeiten, nach denen die Natur arbeitet, sind überall gleich, und doch bildet sich durch das unterschiedliche Zusammenspiel dieser Kräfte eine Vielfalt an Lebensformen heraus, wie sie sich der Mensch trotz aller Anstrengungen niemals auch nur annähernd ersinnen könnte. Durch das Zusammenwirken von Boden, Wasser, Klima, Vegetation und Tieren entstehen die unterschiedlichen Landschaften.

Der Boden

Die Grundlage und Vorbedingung einer Landschaft und damit des Gartens bildet der Boden. Er entsteht unter dem Einfluß geologischer und vor allem klimatischer Vorgänge, die durch Wind, Niederschlag, Temperatur und Besonnung gekennzeichnet sind. Der Boden stellt ein Gefüge aus verwittertem oder abgelagerten Gestein, aus Luft, Wasser, pflanzlichen Stoffen oder Bodenorganismen dar.

Darüber hinaus ist der Mensch durch sein Schaffen überall zu einem »bodenbildenden Faktor« geworden. Kulturböden nennen wir die durch Übernutzung ausgelaugten Böden, die überdüngten Böden, die umgeschichteten oder vermischten und auch die verbesserten Böden. Der Boden speichert Nährstoffe, Luft und Wasser und gibt sie an die Pflanze ab. Die Kapillaren verleihen dem Boden die Fähigkeit, Wasser zwischen den Bodenteilchen von unten nach oben zu führen. Schließlich kommt die Wasserhaltekraft des Bodens hinzu, die je nach Bodenart mehr oder weniger groß ist. Der Boden hält einen Teil der Niederschläge fest und gibt sie nur allmählich an das Grundwasser ab. Der Boden bildet also die Lebensgrundlage der Pflanzen und damit die Grundlage allen Lebens auf der Erde.

Vereinfacht ausgedrückt hängt von der Bodenart, die wir in unserem Garten vorfinden, das Wasser- und Nahrungsangebot sowie die Belüftung des Wurzelraumes ab, und damit auch die Vegetationsschicht, die sich darauf entwickeln kann. Jede Bodenart bringt zum Beispiel allein durch einen unterschiedlichen Wasserhaushalt ganz verschiedenartige Vegetationsbilder hervor, wodurch in der Landschaft eine große Variationsbreite entsteht. Sandböden etwa entwickeln sich unterschiedlich, je nachdem ob sie auf niederschlagsreichen, niederschlagsfernen, grundwassernahen oder grundwasserfernen Standorten stehen.

Die Bodengrundtypen will ich in ihren wesentlichen Eigenschaften kurz beschreiben. In Abhängigkeit von der

Ein Beispiel für die landschaftstypische Bauweise von Brücken, die handwerklich ebenfalls überzeugend ist.

Gegenüberliegende Seite: Fruchtstände sind eine unentbehrliche Nahrungsquelle für die Vogelwelt im Winter.

Größe der Bodenteilchen (Korngröße) unterscheidet der Bodenkundler zwischen Sand-, Schluff- und Tonböden, wobei in der Landschaft die Übergangs- und Mischformen vorkommen. Tonböden besitzen keine sandigen Bestandteile. Die äußerst feinkörnige Struktur klebt fest zusammen und bildet eine kaum durchlüftete Masse. Einmal völlig durchnäßt, trocknen solche Böden nur langsam und schwer ab. Wurzeln entwickeln sich unter solchen Umständen nur ungenügend. Ton eignet sich aber bestens als eine Abdichtung für Gewässer im Garten, zum Beispiel für Seen, Teiche und Tümpel.

Der grobkörnige Sandboden stellt das Gegenteil des Tonbodens dar. Er ist wasserdurchlässig und nährstoffarm, dafür aber für das Wurzelwachstum wegen seiner guten Durchlüftung vorteilhaft. Lehmböden sind ideale Gartenböden mit einer günstigen Zusammensetzung aus Sand, Humus und Tonbestandteilen. Je nachdem wie hoch der Sandanteil ist, kann der Nährstoffgehalt und die Durchlüftung sehr unterschiedlich sein. Kalkböden sind oft flachgründig, humus- und nährstoffarm. Es gibt eine Reihe von Pflanzen, die zu hohe Kalkgehalte im Boden nicht vertragen.

Das Wasser

Lebensraum für Pflanzen und Tiere bieten Flüsse, Bäche, Abzugsgräben, Quellen oder stehende Gewässer (Seen, Teiche, Tümpel, Pfühle, Moorgewässer). Sumpfzonen nehmen dabei eine Sonderstellung ein. Jedes dieser genannten Gewässer hat seine eigenen und ganz speziellen Lebensgemeinschaften aus Pflanzen und Tieren. Demzufolge sieht auch der Garten, der an einem Fluß liegt, anders aus, als der, welcher von einem Graben durchzogen wird oder einen kleinen Teich besitzt.

Wasser, das Lebensraum für ganz bestimmte in und an ihm lebende Pflanzen und Tiere bietet, ist nur einer von mehreren Aspekten. Auch andere Tiere benötigen Wasser zum Leben und nehmen dieses nicht nur mit der Nahrung auf. Eine Wasserstelle im Garten, auch eine künstliche und noch so kleine, wird Tiere, beispielsweise Vögel, anziehen und damit den Reichtum des Gartens vermehren.

Wer den Garten als »Naturgarten« im ursprünglichen Sinne sieht, hat mit Wasser keine Probleme, denn der Wasserhaushalt regelt sich auf natürliche Art von alleine. Daran sind das Grundwasser, die Niederschläge, die übrigen allgemeinen Klimafaktoren (Wind, Wärme) und wie Sie ja bereits gelesen haben, auch die Bodenarten mit unterschiedlich hoher Wasserhaltefähigkeit beteiligt. Wasser hat nicht nur als Lebensraum Bedeutung, sondern auch der Stoffhaushalt des Wassers spielt eine Rolle für die Pflanzen, die im Wasser gelöste Gase (Sauerstoff, Kohlenstoff, Stickstoff u.a.) und Feststoffe (Kalk, Phosphor, Eisen u.a.) mit dem Wasser aufnehmen. Dadurch wird die Vegetation in entscheidendem Maße beeinflußt und bringt an scheinbar gleichem Standort ganz unterschiedliche Charakterbilder hervor.

Ein nasser, kalkhaltiger Standort beherbergt unter anderem *Schoenus nigricans* (Schwarzes Kopfriet), während sich auf säurehaltigem, nassen Standort unter anderem *Carex canescens* (Graugrüne Segge) einfindet.

Art und Menge der Niederschläge in Verbindung mit Wärme sind mehr noch als die Fruchtbarkeit eines Bodens entscheidend für die Ausbildung der Vegetation. Hatte ich bereits das Wasser als Lebensraum beschrieben, so soll an dieser Stelle das Wasser als »klimatische Erscheinung« behandelt werden.

In fester Form erfreut uns das Niederschlagswasser als Schnee, es lehrt uns als Hagel das Fürchten und versetzt uns als Reif (gefrorener Tau) in angenehme Stimmungen. Die flüssigen Formen des Niederschlags sind Nebel, Regen und Tau. In all diesen Formen und im Zusammenspiel mit den anderen Klimafaktoren bestimmt das Wasser und genauer noch der Wasserhaushalt in einer Landschaft deren Erscheinungsbild.

Der wichtigste Erneuerer der Wasserreserven ist der Regen. Eine große Menge Regen vermag aber auch Kräfte freizusetzen, welche Schädigungen der Landschaft hervorrufen können. Durch übermäßige Regenfälle kann der Boden abgespült werden. Ebenso treten Flüsse über die Ufer und führen dadurch zu Landschaftsschäden. Leider muß an dieser Stelle erwähnt werden, daß auch Niederschläge heute nicht mehr unbelastet von Umweltverschmutzungen sind. So zählt der »saure Regen« zu einem der wesentlichen Verursacher des Waldsterbens, indem er Schadstoffe aus der Luft in den Boden transportiert.

Das Klima

Der Begriff Klima bezeichnet den allgemeinen täglichen und jährlichen Witterungsverlauf in einem Gebiet, so wie er für einen längeren Zeitraum im Mittel festgestellt werden kann. Dabei spielt die geographische Lage, die Bodenbeschaffenheit und die Pflanzendecke eine Rolle. Nach der Großeinteilung der Erde in Klimazonen befinden wir uns in der 'typisch gemäßigten Zone', die sich durch kalte, aber nicht zu lange Winter, kühle Sommer und laubabwerfende Wälder auszeichnet. Dabei hat für die Pflanzenwelt und damit für die Gestalt des Landschaftsbildes noch die Lage zu den Meeren Bedeutung. Das Seeklima (maritimes Klima) mit seinen mäßig warmen Sommern und milden Wintern, oder das Landklima (Kontinentalklima) mit heißem Sommer und kaltem Winter führt auch in unserem Land schon zu deutlichen Unterschieden in bezug auf die Vegetation.

Wie wirkt sich das Klima als Naturelement auf den Garten aus? Sonne, Wind und Regen, oder etwas präziser formuliert, Wärme, Luftbewegung und Wasser haben in einer Landschaft einen entscheidenden Anteil an deren Beschaffenheit.

Der Garten bleibt davon nicht unberührt. Gärten an der See stehen oft unter einseitigem Winddruck, so daß nur eine dichte, schützende Hecke die Stauden, Sträucher und Bäume ohne Verformung oder andere Windschäden zur Entwicklung kommen läßt. Gärten in Gebieten mit hohen Niederschlägen sind erosionsgefährdet und viel Sonne und Wärme läßt ohne künstliche Bewässerung nur trockenheitsresistente Vegetation zu.

Wärme

Die Sonne spendet die Wärme. Sie erwärmt den Boden und ist darüber hinaus unerläßliche Energiequelle für die Photosynthese der Pflanzen. Bei Wärme werden die Lebensvorgänge aktiviert, während bei Kälte jede chemische Reaktion und somit auch alle Wachstumsvorgänge etwas langsamer ablaufen. In der Zeit des Winters setzt bei den Pflanzen und bei vielen Tieren die Winterruhe ein. Wer die Natur allerdings etwas genauer betrachtet, bemerkt sicherlich, wie auch in der Winterzeit an der Pflanze Veränderungen vor sich gehen, die bereits das kommende Frühjahr ankündigen. Wärme führt aber auch zu Wasserverlusten durch die Verdunstung. Und so schätzen wir die Wärme, erst recht wenn sie sich allmählich der menschlichen Körpertemperatur nähert, besonders, wenn sie im Wechselspiel steht mit den anderen Klimafaktoren, nämlich kühlendem Wind und belebendem Regen.

Wind

Der Wind erfüllt im Naturkreislauf ebenfalls wichtige Funktionen. Er trocknet den Boden. Wo keine schützende Pflanzendecke vorhanden ist, bläst er auch die Bodenteilchen davon. Er führt die Regenwolken heran und, was vielen von uns vielleicht nicht so gegenwärtig ist, der Wind ist ein wichtiger Faktor bei der Bestäubung von Blüten, weltweit gesehen sogar der wichtigste. Neben den Gräsern, die durch den Wind bestäubt werden, ist auch die Bestäubung bekannter Gehölze wie Birke, Hainbuche oder Haselnuß windabhängig.

Aber wir alle wissen, daß Wind nicht nur seine guten Seiten hat. Starker Wind kann auch zu direkten und indirekten Schäden an Pflanzen und am Boden führen, indem Boden verweht wird, Pflanzen austrocknen, Blätter abgerissen, Obst abgeschlagen, Gräser und Kräuter umgeknickt oder ganze Bäume umgeworfen werden.

Die Pflanzen- und Tierwelt

Zu den Vorgaben der Natur, die sich auch im Gartenraum bemerkbar machen, gehören selbstverständlich Pflanzen und Tiere. Boden, Wasser und Klima bilden das Grundgerüst, auf dessen Basis sich eine ganz bestimmte Pflanzenwelt herausbildet, die wiederum Einfluß hat auf den Artenreichtum der Tierwelt, die sich ansiedeln kann. Laubwälder, Nadelwälder, Wiesen, Heiden, Hochmoore, Dünen, Seen, Flüsse, Auen, Hügel, Berge usw., zeichnen sich alle durch ihre eigenen und ganz speziellen Pflanzengemeinschaften aus, die sich im Laufe der Zeit an die Gegebenheiten angepaßt haben und in deren Folge sich auch die Tierarten eingefunden haben, welche ihrerseits diese Pflanzen als Lebensgrundlage benötigen.

So sind also die Pflanzen, welche wir im Garten durch natürliche Ansiedlung finden, stets solche, die mit den jeweiligen landschaftlichen Grundlagen zurechtkommen und die in den meisten Fällen auch landschaftstypisch sind, das heißt zu den heimischen Pflanzenarten gehören, seien es nun Bäume, Sträucher, Stauden oder Kräuter. Wenn ich hier »in den meisten Fällen« schreibe, so ist damit angedeutet, daß es natürlich auch Pflanzen und Tiere gibt, die bei uns eingebürgert wurden oder auch nur eingeschleppt wurden, aber sich inzwischen einen festen Platz in unserer Landschaft erobert haben. Solche in einem Gebiet nicht heimische, vom Menschen eingebrachte Pflanzen nennt man Adventivpflanzen. Da sind einmal die landwirt-

Bodenanzeigende Pflanzen

Pflanzenart		Acker	Grün-land	Wald	kalk-haltig	sauer	Stau-nässe	Stick-stoff	trok-ken	naß
Adonis aestivalis	Sommeradonis-röschen	X			X					
Anthriscus sylvestris	Wiesenkerbel		X					X		
Aquilegia vulgaris	Akelei			X	X					
Arnoseris minima	Lammkraut, Lämmersalat	X				X				
Asarum europaeum	Haselwurz			X	X					
Atropa bella-donna	Tollkirsche			X				X		
Calluna vulgaris	Heidekraut		X			X			X	
Carex canescens	Graugrüne Segge, Grausegge		X			X				X
Carex davalliana	Davalls Segge		X		X					X
Carex echinata	Sternsegge, Igelsegge		X			X				X
Carliana acaulis	Silberdistel		X		X				X	
Caucalis lappula	Möhrenhaftdolde	X			X					
Chenopodium album	Weißer Gänsefuß	X						X		
Cirsium oleraceum	Kohlkratzdistel		X					X		
Corynephorus canescens	*Silbergras*		X			X			X	
Cypripedium calceolus	Marienfrauenschuh			X	X					
Delphinium consolida	Feldrittersporn	X			X					
Euphorbia peplus	Gartenwolfsmilch	X						X		
Heracleum sphondylium	Bärenklau		X					X		
Juncus effusus	Flatterbinse		X				X		X	
Juncus squarrosus	Sparrige Binse		X			X				X
Juncus subnodulosus	Sumpfblättrige Binse		X		X					X
Lysimachia vulgaris	Gilbweiderich		X				X		X	
Mentha arvensis	Ackerminze	X					X			
Molinia caerulea	Pfeifengras			X			X			
Nardus stricta	Borstgras		X			X			X	
Rhamnus frangula	Faulbaum			X			X			
Rumex acetosella	Kleiner Sauerampfer	X				X				
Sambucus nigra	Schwarzer Holunder			X				X		
Scabiosa columbaria	Traubenskabiose		X		X				X	
Schoenus nigricans	Schwarzes Kopfried		X		X					X
Scrophularia nodosa	Knotige Braunwurz			X			X			
Spergula arvensis	Ackerspark	X				X				
Stachys palustris	Sumpfziest	X					X			
Stachys recta	Aufrechter Ziest		X		X				X	
Stellaria media	Vogelmiere	X						X		
Urtica dioica	Große Brennessel			X				X		
Vaccinium myrtillus	Heidelbeere			X		X				
Vaccinium vitis-idaea	Preiselbeere			X		X				

schaftlichen (zum Beispiel die Kartoffel) und gärtnerischen Kulturpflanzen (Goldrute) und die Ansiedler, auch Kolonisten genannt, welche unbeabsichtigt mit den Kulturpflanzen eingeschleppt wurden und bei uns einen Lebensraum gefunden haben. Weiterhin gehören hierzu die sogenannten Archäophyten, die in vor- und frühgeschichtlicher Zeit zu uns kamen, wie beispielsweise *Viola tricolor* (Stiefmütterchen) oder *Daucus carota* (Wilde Möhre) und die Neophyten, die erst seit relativ kurzer Zeit bei uns eingeführt sind, wie zum Beispiel *Aesculus hippocastanum* (Roßkastanie) oder *Robinia pseudoacacia* (Robinie, volkstümlich auch Akazie).

Als Beispiel aus dem Tierreich sei an dieser Stelle ein Insekt genannt, welches erst in diesem Jahrhundert aus Amerika eingeschleppt wurde und von Frankreich aus seinen schädlichen Siegeszug in den dreißiger Jahren über ganz Europa antrat. Dieses Insekt ist der Kartoffelkäfer.

Wenn sich also im Garten ganz bestimmte Pflanzen und Tiere ansiedeln, ist dies eine gute Möglichkeit, zu überprüfen, welche Standortfaktoren den Garten auszeichnen und welche Qualitäten sie haben. Bioindikatoren nennt man solche Organismen oder auch ganze Lebensgemeinschaften, die durch ihr Vorkommen dies anzeigen. Am einfachsten sind für den Gartenbesitzer die bodenanzeigenden Pflanzen zu erkennen, auch Leit- oder Zeigerpflanzen genannt. So geben zum Beispiel Flechten einen Hinweis auf saubere Luft.

Die uns so vertraute Wald- und Wiesenlandschaft Mitteleuropas unterliegt beständigen Veränderungen. Pflanzengesellschaften wie hier die Übergangszone am Waldrand entwickeln sich Jahr für Jahr weiter.

Das Ökosystem

Die Landschaft ist wie ein Mosaik aus unterschiedlich großen Bausteinen zusammengesetzt – aus Wäldern, Gewässern, Wiesen, Siedlungen usw. Jeder dieser »Bausteine« bietet Lebewesen jeglicher Art, ganz bestimmte Lebensbedingungen, unter denen sie gedeihen können. Es entstehen dadurch Ökosysteme. Ein Ökosystem ist ein Gefüge von Beziehungen der Lebewesen untereinander und zu ihrem Lebensraum. In einem solchen Ökosystem wird allgemein die Organismengemeinschaft (Pflanzen, Tiere) als **Biozön** und die unbelebte Umgebung (Gesteine, Wasser) als **Biotop** bezeichnet. Ein See ist zum Beispiel solch ein Ökosystem, in dem das Wasser den Biotop verkörpert und in dem ganz bestimmte Pflanzen und Tiere in Abhängigkeit voneinander und in Abhängigkeit zum Wasser existieren.

In solchen Ökosystemen herrscht ein natürliches Gleichgewicht, was aber nicht bedeutet, daß sie sich nicht im Laufe der Zeit verändern. Ökosysteme haben keine scharfen Grenzen, und dort, wo zwei Ökosysteme, wie zum Beispiel See und Wald oder Wald und Wiese, aneinanderstoßen, zeigt sich sofort ein Wechsel der Lebensbedingungen. Dies bedingt wiederum einen größeren Artenreichtum in den Übergangszonen. Ökosysteme haben die Fähigkeit, sich selbst zu regulieren, das heißt sich zu erhalten, zu ergänzen und sich zu wandeln, wenn die Lebensgrundlagen sich verändern.

Was ist ein Biotop?

Der Begriff »Biotop« wird in der Literatur und in der Wissenschaft nicht einheitlich verwendet. In der botanischen Literatur hat sich hierfür auch der Ausdruck »Standort« herausgebildet, der aber nicht etwa den Standort im Sinne einer Bindung an Gesteinsart, Wasserangebot und Klima betrachtet, sondern damit die Summe aller Lebensbedingungen bezeichnet. So kommt es vor, daß in ökologischen Wörterbüchern zum Beispiel der Buchenwald unter dem Begriff Biotop zu finden ist und gleichzeitig auch unter dem Begriff Biozön (= Biozönose) für die Lebensgemeinschaft aufgeführt wird. Soweit also zur Verwirrung des Lesers.

Die einschlägigen ökologischen Lehrbücher bezeichnen aber mit Biotop nach wie vor den durch physikalische und chemische Vorgänge gekennzeichneten anorganischen Teil eines Lebensraumes. Und in dieser Form werde ich den Begriff im Verlauf meiner Ausführungen auch benutzen. Öfter allerdings wird der allgemein gängig gewordene Begriff »Standort« auftauchen, der dann die Summe aller Lebensbedingungen bezeichnet. So ist beispielsweise bei der Standortfrage für eine Schattenstaude nicht nur das Gestein und das Klima von Bedeutung, sondern auch die schattenspendende Pflanze, die mit ihr in Gemeinschaft lebt.

Biozönose – die Lebensgemeinschaft

K. Moebius prägte 1877 den Begriff der Lebensgemeinschaft oder »Biocoenosis«. Der Begriff Biozönose bezeichnet eine Gemeinschaft von Tieren und Pflanzen, die in einem Biotop existieren. Wie schon erwähnt, sind solche Gemeinschaften in sich stabil, aber dennoch in unendlicher

Vielfalt variabel. Jede Veränderung irgend eines Faktors in so einer Biozönose bewirkt sofort Veränderungen anderer Faktoren. Dies ist zunächst einmal nicht negativ zu sehen. Sinkt zum Beispiel in einem bestimmten Gebiet der Grundwasserspiegel dauerhaft ab, so verändert sich allmählich die Vegetation und mit ihr die von ihr abhängige Tierwelt. Die Biozönose gestaltet sich um, und zwar in neuer, anders gearteter Vielfalt, wobei ein natürliches Gleichgewicht erhalten bleibt. Der Mensch jedoch greift zum Teil grundlegend in eine solche Lebensgemeinschaft ein, indem er beispielsweise Wald und Wiese zu Siedlungsgebieten macht (was natürlich bis zu einem gewissen Grad und in bestimmter Ordnung notwendig ist), indem er Moorgebiete in Ackerflächen umwandelt, oder auch, indem er seinen Garten freihält von sogenannten Unkräutern, Kulturrasen anstatt Wiesen anlegt, »lästige« Insekten mit chemischen Mitteln bekämpft oder ganze Orgien von Blaufichten aufpflanzt, die nur noch bestimmten Blattlausarten eine Heimstatt sind. In solchen Fällen geschieht das, was wir mit Zerstörung der Umwelt bezeichnen. Und Zerstörung der Umwelt ist nichts anderes als die Vernichtung von Lebensgemeinschaften auf direktem oder indirektem Weg, indem wir die Biotope zerstören.

Pflanzen und Tiere in Abhängigkeit

Was zeichnet nun aber eine Lebensgemeinschaft aus? In einer Lebensgemeinschaft lebt einer vom anderen und durch den anderen. Und alles lebt am Ende durch die Pflanze. Jeder kennt bestimmt den Begriff der Nahrungskette. Und dieser bezeichnet nichts anderes als das, was der Volksmund unter »Fressen und gefressen werden« versteht. Eine ganz einfache Nahrungskette ist diese: Pflanzen produzieren Samen, Mäuse fressen diesen Samen und die Mäuse werden von Eulen gefressen.

Bleiben wir bei diesem vereinfachten Beispiel, so wird auch in einfachster Form klar, wie die Verarmung der Natur vonstatten geht. Nämlich: Keine Nahrung für die Mäuse führt zum Aussterben der Mäuse. Gibt es aber keine Mäuse, so verschwinden auch die Eulen. (Die Wissenschaftler unter den Lesern mögen mir diese einfache Darstellung verzeihen.) Nach genau dem gleichen Prinzip wie in der freien Natur verläuft die Entwicklung auch innerhalb unserer Gärten. Ein Garten, in dem jedes Insekt weggespritzt wird, hat die Vertreter der Vogelwelt garantiert nur als staunende Durchzügler zu Gast, wenn überhaupt. Pflanzen und Tiere befinden sich somit in Abhängigkeit zueinander und untereinander.

Jeder Garten bietet in dieser Hinsicht ein geeignetes Beobachtungsfeld. Der Mensch ist schließlich durch sein Schaffen im Garten ständig dabei, auf die Lebensgemeinschaften Einfluß zu nehmen, sei es nun, indem er Pflanzen beseitigt oder hinzufügt, indem er Böden verändert oder Biotope anlegt. Letztlich ist der Mensch in der Lage, Lebensgemeinschaften künstlich herzustellen und auf einem bestimmten Niveau zu erhalten. Hierzu zählen alle Kulturflächen, auf denen der natürliche Einfluß von Pflanze und Tier durch den Menschen zurückgedrängt wird. Erscheint dies bei Kulturflächen, die unserer Ernährung dienen, im Grundsatz verständlich und richtig, auch wenn man die angewandten Methoden durchaus kritisch betrachten muß, so ist dieser Vorgang im Hausgarten nicht so ohne weiteres zu verstehen.

Der von Natur »bereinigte« Garten

Die meisten Gartenbesitzer sehen in ihrem Garten ein Stück der sonst in ihrem Umfeld verloren gegangenen Natur. Wenn man sie dann fragt, wo in ihrem Garten sie denn die »Natur« sehen, dann sind und bleiben es aber die Hinweise auf den schönen grünen Rasen, das tolle

Die Dunkelheit im Buchenwald läßt eine ausgeprägte Strauchschicht nicht zu. Solche Wurzelbereiche sind begehrter Unterschlupf für Kleinsäuger und Insekten.

Rosenbeet, welches aber schon seit Jahren nicht so recht vom Fleck will (»Was kann man da machen?«) und die möglichst hohe immergrüne Hecke zum Nachbarn. Und wo bleiben die Tiere? – Natürlich, die Tiere! Für den Winter hat der Gartenbesitzer natürlich das Vogelhäuschen und hält einen Sack voll Futter bereit. Im übrigen ist er froh, wenn sich keine Tiere blicken lassen, denn Spinnen, Käfer, Wanzen, Blattläuse und natürlich Mäuse sind lästiges Ungeziefer. Und so niedlich auch der Igel ist, er könnte ja Flöhe haben. Nur daß keine Schmetterlinge mehr kommen, das wird allgemein bedauert. Aber wovon sollten diese Falter in den Gärten leben? Gerade ihre »Leckerbissen«, zu denen auch die Brennessel zählt, gehören zu den ärgsten »Feinden« der vielen noch nicht aufgeklärten Gartenbesitzer.

Vielleicht heben ja meine kleinen Beispiele das Verständnis für die Naturvorgänge, die sich auch im Garten einstellen, wenn man nur etwas weniger in das

natürliche Gefüge eingreift. Wenn wir beim Beispiel der Schmetterlinge bleiben wollen, dann wäre ihnen schon gedient, wenn man einfach an einigen Stellen im Garten die aufkommenden Brennesseln stehenlassen würde.

Lebensgemeinschaft Buchenwald

Der Buchenwald stellt in bezug auf die Entwicklung der Pflanzen eine sogenannte Schlußgesellschaft dar. Das heißt nichts anderes, als daß er eine lange Entwicklung durchgemacht hat, die ihn vom Stadium einer Wiesen-Lebensgemeinschaft über ein Stadium der Busch-Lebensgemeinschaft endlich zum Stadium des Waldes geführt hat. In all diesen Phasen war seine Entwicklung begleitet von ganz bestimmten Pflanzen- und Tierarten, von denen nun im Endstadium seiner Entwicklung ein ganz bestimmtes »Sortiment« übrig geblieben ist.

Damit überhaupt ein Buchenwald entstehen kann, braucht es einen bestimmten Boden und ein gewisses Maß an Luftfeuchtigkeit bzw. an Niederschlägen. Ein Merkmal des Buchenwaldes ist seine Zweischichtigkeit: Es gibt nur eine Baum- und eine Krautschicht, die Strauchschicht fehlt oder ist schwach ausgebildet. Weitere charakteristische Merkmale sind die Hochwüchsigkeit und die Dunkelheit, beides bedingt vor allem durch die Rotbuche *(Fagus sylvatica)*. Die Buche liebt einen geschlossenen Stand, und kaum ein Sonnenstrahl erreicht hier den Boden. Daher ist der Buchenwald auch auffallend pflanzenarm. Nur wenige Gehölze versuchen im geschlossenen Buchenbestand ihr »Glück«. Wenn überhaupt, wagen diesen Versuch Haselstrauch *(Corylus avellana)* und Hainbuche *(Carpinus betulus)*.

Temperatur und Licht bedingen das wechselnde Aussehen des Waldes im Jahreslauf. Am deutlichsten ausgeprägt ist der Frühjahrsaspekt mit Buschwindröschen *(Anemone nemorosa)*, Leberblümchen *(Hepatica nobilis)*, Waldmeister *(Galium odoratum)*, Lerchensporn *(Corydalis cava)* und anderen. Im Sommer, dann wenn die Baumkronen voll Laub sind und das Sonnenlicht nur noch spärlich hindurchdringt, können nur noch Pflanzen existieren, die sich diesen Verhältnissen angepaßt haben. Schattenverträgliche Pflanzen wie Farne oder Sauerklee *(Oxalis acetosella)* Efeu *(Hedera helix)* oder Haselwurz *(Asarum europaeum)* gehören dazu. Und im Herbst gibt es die schönsten Pilze im Buchenwald. Es gibt verschiedene Buchenwälder mit unterschiedlicher Artenzusammensetzung in Abhängigkeit von Boden und geographischer Verbreitung: Frische Buchenwälder entstehen auf Kalk- und Braunerde (zum Beispiel vom Weser-Bergland bis Schleswig-Holstein), warme, trockene Orchideen-Buchenwälder bilden sich auf Kalkböden (Süd- und Westeuropa), und in Sauerhumus-Buchenwäldern fehlen zahlreiche anspruchsvolle Arten.

Aber auch die Tiere gehören natürlich dazu. So finden wir im Buchenwald Amsel, Rotkehlchen, Eichelhäher, Buntspecht, Gimpel, natürlich den Buchfink und viele andere. Da der Buchenwald in seinem Endstadium kaum Deckung bietet, sehen wir seltener das größere Wild wie Reh oder Wildschwein, dafür aber Eichhörnchen, Waldmaus, Fledermaus und andere. Dazu bevölkert eine Vielzahl von Insekten den Buchenwald. Alle haben hier sozusagen ihre Etage, in der sie leben. Was wir nicht sofort sehen, das sind all die Lebewesen, die im Boden leben und dafür sorgen, daß die im Herbst herunterfallenden Blätter und sonstige organische Substanzen wieder in für die Pflanzen verfügbare Nährstoffe umgewandelt werden. Es sind dies vor allem Bakterien und mikroskopisch kleine Pilze. Aber auch andere Lebewesen wie Moose, Algen, Fadenwürmer, Tausendfüßler und Regenwürmer beleben den Waldboden und tragen zu seiner Entwicklung und Erhaltung bei.

Die Baumschwämme leben nur auf abgestorbenen oder kranken Bäumen.

In so einer Lebensgemeinschaft lassen sich aber wiederum ganz spezielle Beziehungen von Lebewesen untereinander beobachten. Ein Beispiel ist die Gallenbildung. Die Große Buchenblatt-Gallmücke, deren Larven sich in den bis zu 12 mm langen Gallen auf der Blattoberseite der Buchen entwickeln, würde ohne diesen Baum nicht existieren. Die Gallenbildung wird durch den Einstich des Insektes in das Blatt zwar eingeleitet, aber von der Pflanze selbständig vollzogen. In den Gallen kann sich die Buchen-Gallmücke geschützt entwickeln.

Ein anderes Beispiel für eine Lebensgemeinschaft ist die Symbiose. Man spricht von Symbiose, wenn Organismen regelmäßig mehr oder weniger eng mit anderen zusammenleben. Dabei fördert die Tätigkeit des einen Partners in irgendeiner Weise den anderen und umgekehrt. Auch hier liefert die Buche ein Beispiel, indem sie in Verbindung mit einem wurzelbewohnenden Pilz lebt. Mykorrhiza nennt man so eine Gemeinschaft, bei der die Pilzfäden in der Wurzel leben und dem Baum einfache Stoffwechselprodukte wie Zucker und Aminosäuren entziehen. Andererseits führt der Pilz über sein weit verzweigtes Fadengeflecht im Boden den Wurzeln Wasser und bestimmte Nährstoffe zu. Unabhängig vom Buchenwald sei die Flechte erwähnt, eine der bekanntesten Symbiosen, die von Pflanzen gebildet wird und eine Lebensgemeinschaft von Algen und Pilzen darstellt.

Zu den Vorgängen, die sich im Buchenwald beobachten lassen und die vom Prinzip her auch im Garten vorhanden sind, zählt ebenso die Bestäubung und Verbreitung der Pflanzen. Wie Sie schon gelesen haben, übernimmt unter anderem auch der Wind solche Aufgaben, indem er Blüten bestäubt und Samen verweht. Im Buchenwald erleben wir im Frühjahr den bereits erwähnten Hohlen Lerchensporn *(Corydalis cava)*. Er benötigt gleich zwei Insektengattungen, um sich zu vermehren. Für die Fortpflanzung sind hauptsächlich die Hummeln zuständig, welche die Blüten bei der Suche nach Nahrung bestäuben. Die Ameisen dagegen besorgen den Transport der heruntergefallenen Samen und sichern dadurch die Verbreitung.

Und auch für das Phänomen der Nahrungsspezialisten liefert der Buchenwald ein Beispiel: Die Larve des Alpenbockes entwickelt sich im weißfaulen Buchenholz, die Larven des Kopfhornschröters dagegen meist in faulenden Buchenstümpfen. Und auch der Hirschkäfer hat unter anderem in alten Stümpfen und Stämmen von Buchen seine Wiege. Selbst die sterbende oder bereits in Zersetzung befindliche Pflanze birgt also noch bevor sie als Humus im Boden aufgeht vielseitiges Leben.

Der Buchenspinner, ein Schmetterling, kann ohne die Blätter der Buche nicht existieren.

Beinahe endlos ließe sich noch weiter Beispiel an Beispiel reihen, um zu dokumentieren, wie vielseitig die Beziehungen in solchen Lebensgemeinschaften sind und wie sinnreich und wohlgeordnet hier eines ins andere greift. Mit Absicht habe ich die Beispiele erwähnt, welche dem Wanderer im Buchenwald nicht sofort augenfällig werden. (Daß das Eichhörnchen und andere Tiere in Form der Bucheckern ein Nahrungsangebot vorfinden, gehört natürlich auch zum Thema »Lebensgemeinschaft«.) Die erwähnten Beispiele genügen sicher, um deutlich zu machen, worum es auch im Garten geht. – Die Naturvorgänge sind nicht aus dem Garten zu verbannen, sondern zu begünstigen, weil der Nutznießer eines vielfältigen Ausdrucks von Lebensformen immer der Gartenbesitzer selbst ist. Lösen wir uns also von unseren »Gartenwüsten«.

Die Geschichte der heimischen Flora

Natürliche Wandlungen

Vielschichtige Prozesse, die sich aus natürlichen Vorgängen und dem Wirken des Menschen ergeben, haben unsere heutigen Vegetationsbilder geschaffen. In bezug auf die *Natürlichkeit* unserer Landschaft stellt sich dabei zwangsläufig die Frage nach heimischen Pflanzen. Was eigentlich ist eine heimische Pflanze? Ist zum Beispiel der Ginkgobaum *(Ginkgo biloba)*, der heute nur noch in China natürlich vorkommt, im Tertiär aber auch in Mitteleuropa beheimatet war, deshalb ein heimischer Baum? Auch Sumpfzypressen *(Taxodium-*Arten) und Mammutbaum *(Sequoiadendron-*Arten) waren an der Bildung unserer Braunkohlelager beteiligt. Wir bezeichnen sie deshalb heute noch lange nicht als heimisch.

Lange bevor es Menschen gab, waren bekanntlich schon Pflanzen auf der Erde vorhanden. Seither ist die Entwicklung und Verbreitung von Pflanzen ein sich ständig verändernder Prozeß, der in »grauer Vorzeit« ausschließlich von Klima und Boden bestimmt wurde. Die veränderten klimatischen Verhältnisse während der Eiszeiten führten zum Aussterben wärmebedürftiger Pflanzen, oder sie wanderten als Folge der allmählichen Verdrängung in andere Gebiete ab. Am Rande der Gletscher aber entwickelte sich eine arktische beziehungsweise subarktische Vegetation. Erneute Erwärmung, veränderte Niederschlagsmengen und der damit verbundene Rückgang der Eismassen zogen wieder die Neubesiedelung und die teilweise Rückwanderung einst verdrängter Pflanzen nach sich.

Aber nicht nur das Klima hatte sich verändert, sondern auch der Boden. Die Gletscher, welche sich von Schweden kommend über Schleswig-Holstein und die Mark Brandenburg hinweg bis zum Riesengebirge erstreckten und ihre Entsprechung in den Alpengletschern fanden, die ihrerseits in die Täler drangen, bescherten uns eine veränderte Landschaft mit anderen Böden. In ganz Deutschland finden wir seither die Moränenlandschaften. Nicht selten kann man solche Moränen schon am Pflanzenbewuchs erkennen, denn vor allem Gewächse, die Trockenheit vertragen, siedeln sich auf den wasserdurchlässigen Sanden an.

Aber auch eine kaum überschaubare Fülle an Seen und Tümpeln hat uns die Eiszeit beschert. In den Vertiefungen, die die Gletscher überzogen oder selbst geformt haben, blieb nach dem Abtauen das Wasser, welches nicht abfließen konnte, stehen. In vielen dieser eiszeitlichen Seen haben sich dann Moore entwickelt. Es verwundert nicht, daß gerade in den Moorlandschaften eine Anzahl von Gewächsen aus der nacheiszeitlichen Phase erhalten geblieben sind, da die Moore noch etwas von der eiszeitlichen Kühle und Feuchte bewahrt haben. Seggen, Binsen, Wollgräser, Sonnentau, Sumpfheidelbeere und andere gehörten zur nacheiszeitlichen Vegetation. Mit dem fortschreitenden Rückzug des Eises aber eroberte sich der Wald das neu gewonnene Terrain. Die Tabelle zeigt, daß die heimische Flora aufgrund der klimatischen Veränderungen an Arten verloren hatte. Aber die übriggebliebenen Arten verwandelten ganz Mitteleuropa in ein großes Waldgebiet, welches nur durch Moore, Teile der Gebirge (oberhalb der Baumgrenze und Schutthalden) und die

Voreiszeitliche Bäume in Mitteleuropa	
Abies alba	Weißtanne
Acer campestre	Feldahorn
Aesculus hippocastanum	Roßkastanie
Alnus glutinosa	Schwarzerle
Betula alba	Sandbirke
Corylus avellana	Hasel
Fagus sylvatica	Rotbuche
Ginkgo biloba	Ginkgo
Juglans regia	Walnuß
Liquidambar orientalis	Amberbaum
Picea excelsa	Fichte
Platanus orientalis	Platane
Pinus sylvestris	Gemeine Kiefer
Populus tremula	Zitterpappel
Quercus robur	Stieleiche
Taxodium distichum	Sumpfzypresse

windbewegten Dünen der Küste unterbrochen wurde. Etwa um 500 v. Chr. hat sich die Vegetation so eingestellt, wie sie auch heute noch die natürliche Grundlage bildet.

Menschliche Eingriffe

Überhaupt wäre Mitteleuropa ein artenarmes und »eintöniges« Waldgebiet geblieben, hätte nicht der Mensch den Wald zurückgedrängt und das bunte Mosaik von Äckern, Heiden, Wiesen, Weiden und Gärten geschaffen. Dieses Kulturschaffen bedeutet an sich also eine Bereicherung unserer Umwelt, die sich letztlich nur durch das Übermaß der Nutzung, einhergehend mit sinnloser Zerstörung übriggebliebenen Naturraumes und weltweiter Vergiftung von Boden, Luft und Wasser, in das heute so bedrohliche negative Gegenteil verkehrt hat. Wie bereits erwähnt, sind auch die Gartenbesitzer an dieser Entwicklung beteiligt, ebenso wie jeder in unserer Gesellschaft, der sich nicht für die naturgemäße Erhaltung unserer Lebensgrundlagen einsetzt.

Wir wollen sehen, welche Entwicklungen es waren, die kontinuierlich bis zum heutigen Tage das ursprüngliche Landschaftsbild so grundlegend verändert und zu dem geführt haben, was wir als Kulturlandschaft bezeichnen – eine Kulturlandschaft, in der die Gärten einen bedeutenden und wichtigen Anteil haben.

Erste Siedlungen

Die nacheiszeitlichen Menschen, welche in erster Linie Jäger waren, haben sicher nicht nachhaltig in das Kräftespiel der Natur eingegriffen. Erst der seßhaft gewordene Mensch übte einen stärkeren Einfluß aus. Für die Zeit um 2000 bis 800 v. Chr. ist für das Gebiet von Nord- bis Süddeutschland die Existenz von Bauernstellen mit Ackerbau und Viehzucht belegt. Das ganze große übrige Gebiet aber war vollkommen unwegsamer Urwald.

Pomponius Mela, ein römischer Geograph, schrieb um 44 n. Chr. »viele Flüsse hemmen den Verkehr, rauhe Berge, Wälder und Sümpfe machen die Gegend unwegsam«.

Waldnutzung

Mit der Besiedelung waren die ersten Eingriffe in die Waldgebiete verbunden, die zunächst aber in ihrer Wirkung nicht anders beurteilt werden dürfen, als der Stich mit einer Nadel in den Käse. Erst die Zunahme der Bevölkerung, die damit verbundene Ausdehnung der Siedlungen und die vermehrte Anwendung von Holz führten zur allmählichen Veränderung. Das Vieh wurde in den Wald getrieben (Waldweide), so wie es noch im Mittelalter in ganz Europa verbreitet war. Dadurch entwickelte sich der dicht geschlossene Wald allmählich über ein parkartiges Stadium zu freier Trift. Der Boden änderte sich natürlich durch die ständige Zuführung von tierischen Ausscheidungen ebenfalls.

Um Ackerland zu gewinnen, wurde Wald gerodet, und in den ersten Jahrhunderten unserer Zeitrechnung konnte Bau- und Nutzholz frei und ungehindert dem Wald entnommen werden. Aber schon aus dem 13. Jahrhundert sind Beschränkungen der Holznutzung bekannt. Auch das Aschebrennen führte zum Verlust von Bäumen. Die Asche der Bäume, welche bei der Holzfeuerung anfiel, vornehmlich aber Buchenasche, wurde noch bis zum Ende des 19. Jahrhunderts zum Reinigen von Wäsche und zum Scheuern benutzt. Glashütten und Köhlereien lichteten ebenfalls die Waldbestände durch ihren enormen Holzbedarf.

Nun kann man sich vorstellen, wie sich unser Waldgebiet tatsächlich langsam in ein buntes Mosaik verwandelt. Im 16. und 17. Jahrhundert nimmt die Bevölkerung zahlenmäßig zu, ebenso wie sich die geschilderten Erscheinungen häufen.

Kulturpflanzen

Wenn man der Frage nach der Herkunft unserer Kulturpflanzen, zu denen die Gartenpflanzen eben gehören, auf den Grund geht, stellt man erstaunt fest, was

für eine Fülle von Pflanzenarten, die uns täglich umgeben, ihr Dasein in unserer Gegend dem Menschen verdanken. Erst der Mensch hat sie als Nutz- oder Zierpflanze, oft von weit her, in unsere Breiten gebracht.

Ein Farbfoto des französischen Fotografen Balagny aus der Zeit um 1880 zeigt eine gesunde Kulturlandschaft, wie man sie heute nur noch selten findet.

Feldfrüchte

Zunächst sind es nur die Pflanzen gewesen, welche sich zum Anbau für die Ernährung eigneten wie zum Beispiel die Gerste *(Hordeum vulgare)*, welche ihre Heimat in Asien hat und von dort schon früh zu uns gelangte. Begreiflicherweise berichten die römischen Schriftsteller dann auch von der Gerste als einem in Germanien heimischen Getreide.

Ein viel jüngeres und berühmteres Beispiel stellt die Kartoffel *(Solanum tuberosum)* dar. Sie wurde nach der Entdeckung Amerikas von Spaniern nach Europa gebracht. Schon vor 1600 wurde die Kartoffel in Italien kultiviert. Aber erst so etwa ab 1770 fand sie, nicht ohne Widerstand vieler Bauern, aber auf Anweisung Friedrichs des Großen, auch bei uns eine weite Verbreitung.

Um 1560 kultivierte und züchterisch bearbeitete Gartenpflanzen	
Aconitum napellus	Eisenhut
*Anemone-*Arten	Anemonen
Antirrhinum majus	Löwenmaul
*Armeria-*Arten	Gras- und Steinnelke
Bellis perennis	Gänseblümchen
Calendula officinalis	Ringelblume
Caltha palustris	Dotterblume
Centaurea cyanus	Kornblume
*Convolvulus-*Arten	Winden
*Crocus-*Arten	Krokus
Cyclamen persicum	Alpenveilchen
*Dianthus-*Arten	Nelke, vielfarbige
Dianthus sylvestris	Steinnelke
*Digitalis-*Arten	Fingerhut
Galanthus nivalis	Schneeglöckchen
Helleborus niger	Christrose
Hepatica nobilis	Leberblümchen
Hesperis matronalis	Nachtviole
*Iris-*Arten	Schwertlilien
*Lilium-*Arten	Lilien, weiße
Lilium bulbiferum	Feuerlilien
Lilium martagon	Türkenbund
Lunaria rediviva	Silberblatt
*Malva-*Arten	Malve
Nigella damascena	Jungfer im Grünen
*Paeonia-*Arten	Pfingstrose
*Papaver-*Arten	Mohn
*Primula-*Arten	Primeln
*Ranunculus-*Arten	Hahnenfuß
*Rosa-*Arten	Rose
Silybum marianum	Mariendistel
Trollius europaeus	Trollblume
*Viola-*Arten	Veilchen

Gartenflüchter – Kulturflüchter	
Aristolochia clematitis	Osterluzei
Cymbalaria muralis	Zimbelkraut
Dianthus barbatus	Bartnelke
Eranthis hyemalis	Winterling
Leonurus cardiaca	Herzgespann
Lilium bulbiferum	Feuerlilie
Muscari neglectum var. *racemosum*	Traubenhyazinthe
Narcissus pseudonarcissus	Trompetennarzisse, Osterglocke
Ornithogalum umbellatum	Doldenmilchstern
Tulipa sylvestris	Tulpe
Vinca minor	Immergrün

Bestände von Scilla (Blaustern) entwikkeln sich auf ungestörten Standorten. Diese Zwiebelblumen wachsen auch unter nicht zu dichten Sträuchern gut.

Der Mohn (*Papaver somniferum* ssp. *somniferum*), ebenfalls eine alte Kulturpflanze, kam aus Asien zu uns. Die Futterwicke (*Vicia sativa* ssp. *sativa*) ist vermutlich mit den Römern zu uns gelangt und auch die Lupinen (*Lupinus*-Arten) wurden erst im 17. oder 18. Jahrhundert aus Italien eingeführt. Kopfsalat *(Lactuca sativa)*, Gartenkresse *(Lepidium sativum)*, Sellerie *(Apium graveolens)*, Petersilie *(Petroselinum crispum)* und andere, fanden bereits etwa zu Beginn der christlichen Zeitrechnung über Rom ihren Weg zu uns.

Zierpflanzen

Aus Verordnungen Karls des Großen, aus Aufzeichnungen der Äbtissin Hildegard von Bingen, aus den Büchern des berühmten Albertus Magnus (1193 bis 1280) und von verschiedenen anderen Überlieferungen wissen wir recht genau, welche Pflanzen sich in Kultur befanden. Wie so vieles in unserem Kulturkreis haben auch beliebte Zierpflanzen durch die Römer ihre Verbreitung bei uns gefunden. Weiße Lilien, Schwertlilien, Malven, Ringelblumen, Löwenmaul, Pfingstrosen und andere wurden schon besonders früh in den Klöstern kultiviert.

Ein großer Teil davon wurde im Laufe der Jahrhunderte bereits durch Züchtun-

gen abgeändert. Die Tabelle nach den Aufzeichnungen Conrad Gesners von 1560 gibt einen Eindruck von der herrschenden Vielfalt. In die Zeit zwischen 1560 und 1620 fällt die Einführung orientalischer Prachtzwiebeln wie Tulpen, Kaiserkronen, Narzissen, Lilie oder *Scilla*-Arten.

Noch vor 1600 ereichten *Tropaeolum minus* (Kleine Kapuzinerkresse) und auch *Thuja occidentalis* (Lebensbaum) die europäischen Gärten. Letztgenannter macht heutzutage in Massenanpflanzungen so viele Gärten zu »toten Gärten«. Vor allem aber um und nach 1620 gelangten eine Fülle von Pflanzen aus der Neuen Welt zu uns, die zuerst in den französischen Gärten ihre Liebhaber gefunden zu haben scheinen.

All diese Pflanzen, die nun in unsere Gärten eingeführt wurden, mußten sich mit den bei uns herrschenden Klima- und Bodenverhältnissen zurechtfinden. Dies gelang natürlich nicht allen Pflanzen, und viele wurden von den Gärtnern daher auch wieder aufgegeben. Andere aber, die wir als Gartenflüchtlinge oder Kulturflüchter bezeichnen, haben sich Standorte in der freien Natur erobert. Ihre Samen, durch Tiere oder den Wind verbreitet, haben im Naturraum (der wie Sie ja inzwischen wissen, eigentlich ein Kulturraum ist) so günstige Lebensbedingungen vorgefunden, daß die schützende

Einführung von Gehölzen ab Mitte des 16. Jahrhunderts

		eingeführt aus
Acer negundo	Eschenahorn	1688 Nordamerika
Acer palmatum	Japanischer Fächerahorn	1820 Ostasien
Aesculus hippocastanum	Roßkastanie	1576 Südosteuropa
Ailanthus altissima	Götterbaum	1751 Ostasien
Amorpha fruticosa	Bastardindigo	1760 Nordamerika
Araucaria araucana	Araucaria	1850 Chile
Berberis thunbergii	Berberitze	1883 Japan
Cercis siliquastrum	Judasbaum	1560 Mittelmeer-gebiet
Choenomeles japonica	Scheinquitte	1796 Japan
Chamaecyparis lawsoniana	Scheinzypresse	1854 Nordamerika
Chimonanthus praecox	Winterblüte	1771 China
Cornus florida	Blumenhartriegel	1731 Nordamerika
Cryptomeria japonica	Sicheltanne	1844 Japan
Elaeagnus pungens	Stechende Ölweide	1830 Japan
Euonymus japonicus	Kriechspindel	1804 Japan
Forsythia suspensa	Goldglöckchen	1823 Ostasien
Ginkgo biloba	Ginkgo	1754 China
Halesia carolina	Maiglöckchenstrauch	1758 Nordamerika
Hamamelis japonica	Kleinblütige Zaubernuß	1826 Ostasien
Hamamelis mollis	Lichtmeß-Zaubernuß	1878 Ostasien
Hibiscus syriacus	Roseneibisch-Hybriden	1596 Mittelmeer-gebiet
Hydrangea paniculata	Rispenhortensie	1874 Ostasien
Jasminum nudiflorum	Winterjasmin	1845 Ostasien
Juniperus virginiana	Wacholder	1648 Nordamerika
Kerria japonica	Ranunkelstrauch	1866 China, Japan
Koelreuteria paniculata	Blasenesche	1763 Ostasien
Mahonia aquifolium	Mahonie	1823 Nordamerika
Morus alba	Weißer Maulbeerbaum	1596 Ostasien
Morus nigra	Schwarzer Maulbeer-baum	1548 Ostasien
Paeonia suffruticosa	Strauchpäonie	1789 China, Tibet
Parthenocissus quinquefolia	Wilder Wein	1671 Nordamerika
Picea engelmannii	Fichte	1863 Nordamerika
Picea pungens	Blaufichte	1863 Nordamerika
Pinus rigida	Pechkiefer	1750 Nordamerika
Pinus strobus	Weymouthskiefer	1705 Nordamerika
Platanus orientalis	Platane	1636 Ostasien
Platanus × hybrida	Brot-Platane	1910 Nordamerika
Prunus glandulosa	Strauchkirsche	1835 Japan
Prunus laurocerasus	Lorbeerkirsche	1587 Mittelmeer-gebiet
Prunus serrulata	Japanische Zierkirsche	1822 Ostasien
Pseudotsuga menziesii	Douglasie	1827 Nordamerika
Quercus rubra	Amerikanische Roteiche	1691 Nordamerika

Einführung von Gehölzen ab Mitte des 16. Jahrhunderts		
		eingeführt aus
Rhododendron catawbiense	Rhododendron	1808 Nordamerika
Rhus typhina	Essigbaum	1622 Nordamerika
Robinia pseudoacacia	Scheinakazie	1636 Nordamerika
Rosa rugosa	Apfelrose	1845 Ostasien
Salix babylonica	Weide	1735 China
Sequoiadendron giganteum	Mammutbaum	1854 Nordamerika
Sophora japonica	Schnurbaum	1753 Ostasien
Syringa vulgaris	Gemeiner Flieder	1554 Südosteuropa
Taxodium distichum	Sumpfzypresse	1640 Nordamerika
Thuja occidentalis	Lebensbaum	1576 Nordamerika
Thuja orientalis	Lebensbaum	1752 Ostasien
Tsuga canadensis	Schierlingstanne	1736 Nordamerika
Weigela florida	Weigelie	1845 Ostasien
Wisteria sinensis	Glyzine	1820 China

und pflegende Hand des Gärtners zum Überleben nicht mehr vonnöten war.

Zu den bekanntesten Flüchtlingen der Berg- und Klostergärten gehört der Goldlack *(Cheiranthus cheiri)*, der schon im 16. Jahrhundert wildwachsend an den Stadtmauern von Köln gefunden wurde. Das Löwenmaul *(Antirrhinum majus)* und der Stechapfel *(Datura stramonium)* haben sich aus den Gärten ebenso entfernt wie das Springkraut *(Impatiens parviflora)* oder das Franzosenkraut *(Galinsoga parviflora)*, welches erst zu Beginn dieses Jahrhunderts aus botanischen Gärten verwilderte.

Vom »Unkraut«

Das Wort »Unkraut«, welches nicht nur mir heutzutage nur noch mit Mühe über die Lippen kommt, hat durchaus seine Berechtigung, wenn damit ausschließlich die Pflanze bezeichnet wird, die sich auf unseren Kulturflächen als eine so starke Konkurrenz zeigt, daß sie die Entwicklung der Kulturpflanzen und die Ernte beeinträchtigt.

Betrachten wir das bezaubernde Farbfoto, welches etwa um 1912 entstand.

Jeder wird sich an dem Strauß Mohn- und Kornblumen erfreuen, den die Frau soeben vom Felde entnommen hat. Kindheitserinnerungen an scheinbar chemielose oder doch chemiearme Zeiten werden beim Betrachten eben solcher Felder wieder wach. Dabei ist es uns egal, daß der Landwirt versucht, diese Ackerunkräuter auszutreiben. Wir sollten also weniger fragen, ob der Begriff »Unkraut« eine Berechtigung hat, sondern es kommt darauf an, wie mit dem Begriff umgegangen wird.

Pflanzen, die wir auf bestimmten Kulturflächen nicht dulden wollen und können, erfüllen ansonsten im Naturhaushalt wichtige Funktionen. Wenn solche Pflanzen nun auch an den Standorten bekämpft werden, wo es diese Berührungspunkte nicht gibt, dann ist dies ein fehlgeleitetes Handeln. Ebenso verhält es sich natürlich auch mit der Gleichstellung des Begriffes »unkrautfrei« mit »sauber«. Dieser Unfug hat zur Verarmung von Tausenden von schönen Gärten geführt, indem jedes Kraut und jeder Strauch, der nicht dem Gartencenter entstammte, rücksichtslos als Unkraut entfernt wurde. Glatt und sauber heißt die Devise, nach der Natur im menschlichen

diese Pflanzen im allgemeinen auf dieselben Lebensbedingungen abgestimmt sind wie die Kulturpflanzen, die sie begleiten. Dabei handelt es sich oft um eine jahrtausendelange Anpassung, mit der diese Kräuter ihre Bedürfnisse in bezug auf Licht, Boden und Wasser auf die Kulturpflanzen eingestellt haben. Viele dieser »Unkräuter« sind mit den Kulturpflanzen vergesellschaftet und treten überhaupt nur mit diesen zusammen auf.

Ruderalpflanzen

So wie bestimmte Kräuter nur in Verbindung mit den Kulturpflanzen existieren, gibt es auch Pflanzenarten, die untrennbar mit den menschlichen Wohnstätten verbunden sind. Sie haben sich zu ständigen Begleitern des Menschen entwickelt und es gibt unter ihnen Pflanzen, die man tatsächlich auch nirgendwo anders mehr findet. Zu ihnen zählen wir den Mauergänsefuß *(Chenopodium murale)* oder die Spießmelde *(Atriplex hastata).* Manche Pflanzen gerieten aus den Gärten heraus auf schutthaltige Standorte wie beispielsweise die Katzenminze *(Nepeta cataria),* die Gartenmelde *(Atriplex hortense)* oder der Stechapfel *(Datura stramonium).* Diese Pflanzen bilden eigene, spezielle Pflanzengesellschaften.

Erhöhte Lebensfreude durch »Ackerunkräuter«. Beides trifft man heutzutage kaum noch an.

Umfeld behandelt wurde und noch wird. Glatter Rasen, saubere Pflanzenflächen, jedes Blatt, das von den Pflanzen abfällt, wird beseitigt – sauber, sauber!?

Ich kenne Gärten, in denen es nicht mehr als fünf verschiedene Pflanzenarten gibt. Das ist die totale Verödung. Wie schön wäre hier die ganze bunte Pracht der »Unkräuter«.

Was aber macht nun eigentlich das Wesen der sogenannten Unkräuter aus? Warum halten sie sich gerade an den Standorten so hartnäckig, an denen wir sie so ungern sehen? Das liegt daran, daß

Ackerbegleitflora		Nährstoffreicher Boden	humushaltiger Boden
Althusa cynapium	Hundspetersilie		X
Centaurea cyanus	Kornblume	X	
Cirsium arvense	Ackerkratzdistel		X
Delphinium consolida	Ackerrittersporn	X	
Galium aparine	Klettenlabkraut	X	
Lamium purpureum	Rote Taubnessel		X
Papaver rhoeas	Klatschmohn	X	
Polygonum aviculare	Vogelknöterich		X
Sinapis arvensis	Ackersenf		X
Stellaria media	Vogelmiere	X	

Ruderalvegetation

Die hier genannten Pflanzen stellen einen sehr hohen Anspruch an den Stickstoffgehalt des Bodens

		städtischer Bereich			dörflicher Bereich	
		neuer Schutt	alter Schutt	Wege- und Straßen- ränder	Straßen- rand	Garten- zäune und Mauern
Arctium minus	Kleine Klette				X	
Artemisia vulgaris	Gemeiner Beifuß		X			
Ballota nigra	Schwarznessel				X	
Bromus sterilis	Taube Trespe			X		
Carduus acanthoides	Wegdistel		X			
Chenopodium album	Weißer Gänsefuß	X				
Chenopodium murale	Mauergänsefuß					X
Diplotaxis tenuifolia	Schmalblättriger Doppelsame		X			
Hordeum murinum	Mäusegerste			X		
Lactuca serriola	Kompaßlattich		X			
Malva neglecta	Gänsemalve, Wegmalve					X
Rumex obtusifolius	Stumpfblättriger Amper				X	
Sonchus oleraceus	Kohlgänsedistel, Gemüsegänsedistel	X				
Urtica dioica	Große Brennessel		X			
Urtica urens	Kleine Brennessel					X

MM steht hier nicht für ein bekanntes Getränk, sondern für Massenholzer- zeugung und Mono- kultur. Trostloser geht es nicht.

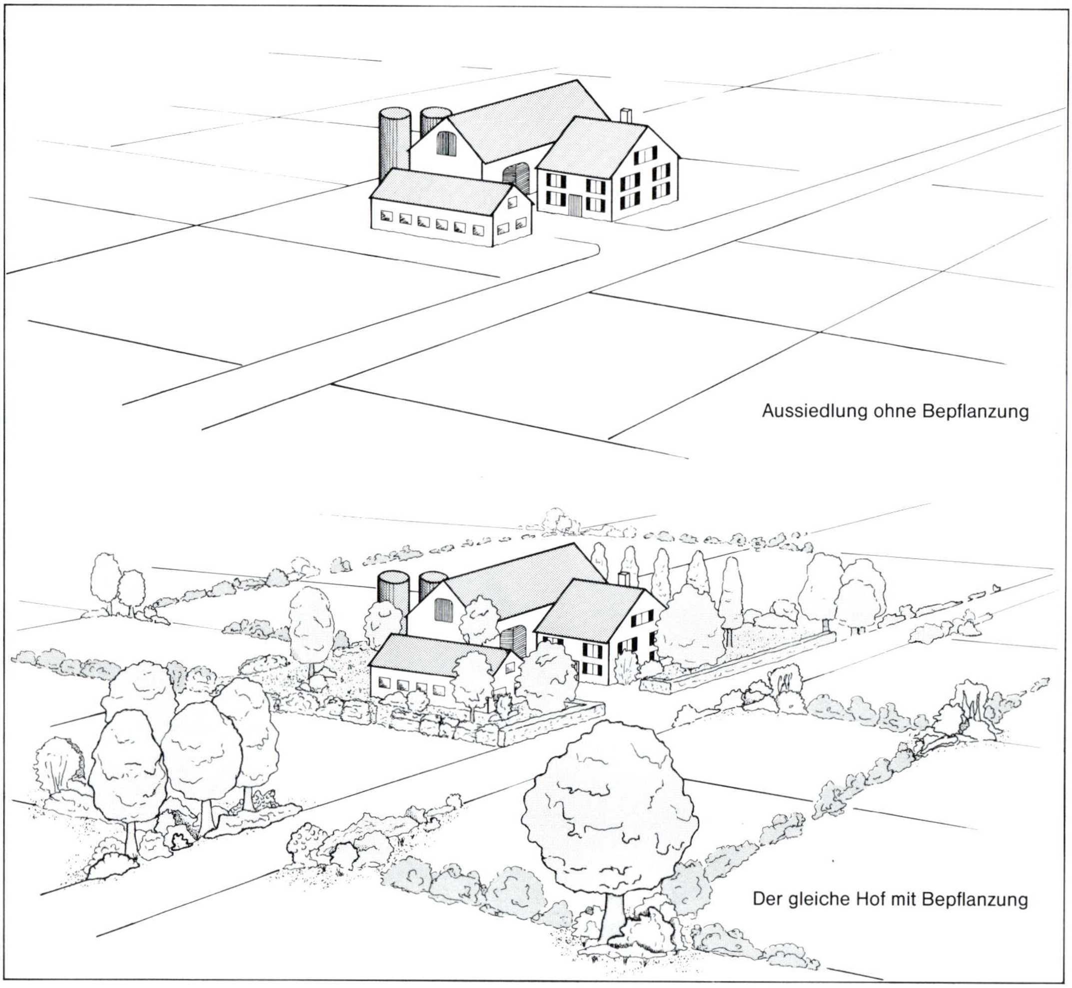

Aussiedlung ohne Bepflanzung

Der gleiche Hof mit Bepflanzung

Landschaftliche
Einbindung. Das
Landschaftsbild
wird gehoben,
Pflanzen und Tiere
haben wieder
Lebensraum.

Der Kaiserstuhl
heute: eine kaputte
Kulturlandschaft.

Das heutige Landschaftsbild

Durch einen neuen, naturgemäßen Umgang mit der Natur im eigenen Garten schält sich auch eine naturgemäße Sichtweise gegenüber der ganzen Umwelt heraus. Genau diese ist es, die als einzige auf Dauer zu einer Verbesserung und Gesundung unserer Landschaft führen kann. Unser heutiges Landschaftsbild gleicht bestenfalls noch in kleinen Relikten dem, was es von Natur aus wäre.

Zu den großen »Gestaltern« unserer Landschaft haben sich Landwirte und Forstwirte herausgebildet. Die einen haben im Zuge moderner Anbaumethoden und mit dem Instrumentarium der Flurbereinigung die Flur im wahrsten Sinne des Wortes »bereinigt«. Die anderen haben – ebenfalls mit modernen Erkenntnissen bezüglich der Massenholzerzeugung – aus den ehemals frischen Laubwaldbeständen zielstrebig »Weihnachtsbaumwälder« gemacht. Aber vergessen wir nicht, daß jede wirtschaftlich bedeutende Disziplin, zu der neben den Industrien auch Straßenbau, Wasserwirtschaft und das Bauwesen schlechthin gehören, ihren Anteil zum Niedergang unserer natürlichen Elemente geleistet hat.

Ich will natürlich nicht ungerecht sein gegen jene, die längst den Unfug erkannt haben, der auf diesen Gebieten entstanden ist, und die sich nun durch ihr eigenes Tun davon abwenden. Ihr Werk wird allerdings erst kommenden Generationen zugute kommen. Das eigene Gartenbild läßt sich schon innerhalb kurzer Zeit beeinflussen und eine natürliche Vielfalt, verbunden mit einer ganz neuen Erlebniswelt für den Menschen, kann bereits von dem Augenblick an entstehen, in dem man sich entschließt, den Erscheinungen der Natur den Weg zu bereiten und sie zu dulden und zu fördern.

Landschaft und Garten

Die Frage nach der umgebenden Landschaft ist für den Garten von zentraler Bedeutung. Landschaftliche Verbindungen ergeben sich, gleich ob es nun Insekten sind, welche den Garten aufsuchen, um zu erproben, inwieweit er ihnen ein neues Stück Heimat bieten kann, ob ein Vogel auf der steten Suche nach Nahrung auch den letzten Winkel eines Gartenraumes durchforscht, oder ob es die Millionen von Samen aller nur erdenklichen Pflanzen sind, welche durch Wind, Regen und Tiere in einem Garten abgelagert werden. Keine noch so hohe Gartenmauer kann dieses Zusammenspiel mit der Umgebung unterbinden.

Es gibt aber eine Anzahl weiterer Verbindungen, die man sich nur bewußt machen muß. Die Bodenbewegung eines Grundstückes ist Teil seiner umgebenden Landschaft, der Boden selbst natürlich auch.

Und wenn es dem Menschen gelingt, die Oberfläche und die oberste Schicht des Bodens zu verändern, so bleibt der Garten doch mit seinen tiefer liegenden Schichten und in bezug auf die Wasserverhältnisse im Untergrund mit der umgebenden Landschaft verbunden. Auch das Klima ist eine landschaftliche Komponente und nicht zuletzt sind es natürlich die Pflanzen, welche in vielen Fällen noch landschaftliche Relikte im Garten darstellen.

Die Landschaft, das heißt die Natur, macht ihren Einfluß geltend. Was aber bedeutet nun bei uns »Natur«? Für fast alle bedeutet zunächst alles, was wächst oder sich bewegt, auch Natur. Auch die Bananenstaude, die ich im Sommer in einem großen Blumentopf in meinen Garten setze, ist natürlich Natur. Aber Sie merken sicher schon, worauf ich hinauswill. Es gibt ganz offensichtlich auch in der Definition dieses Begriffes Unterschiede. Kein Mensch käme sicherlich auf die Idee, einen kurz geschorenen Rasen mit dem in Verbindung zu bringen, was wir landläufig mit Natur verbinden. Natur – das ist zum Beispiel die Wiese mit der Vielfalt ihrer Blüten und Gräser. Und doch kann man dem Rasen nicht absprechen, daß auch er ein Stück Natur

wirtschaftete Mischwälder) oder naturfern (Ackerlandschaft) sein kann.

Wir befinden uns also in einer Kulturlandschaft, die zum größten Teil sogar noch als naturfern zu bezeichnen ist, denn neben den Ackerlandschaften fallen auch die Weinbaulandschaften, die Weidelandschaften und die Wirtschaftswälder unter das Prädikat »naturfern«.

Die »natürliche« Landschaft, der wir zum Beispiel auf Wanderungen begegnen, stellt nur eine naturnahe Variante des menschlichen Schaffens dar. Daß das nicht zwangsläufig schlecht sein muß, zeigt uns das eingangs beschriebene Beispiel der Lüneburger Heide.

Man kann sich nun die Frage stellen, wann denn eine Kulturlandschaft wieder eine Naturlandschaft wird und ob eine Kulturlandschaft überhaupt jemals wieder zu einer Naturlandschaft werden kann? Würde der menschliche Einfluß ganz aufhören, dann entstünde nach meiner Auffassung eine neue Naturlandschaft, auch wenn diese ganz anders aussehen würde als jene, die das Landschaftsbild vor der Besiedlung geprägt hat. Jetzt würden sich Städte und Dörfer als Trümmerschutt-Gesellschaften markieren, Bahndämme und Gleisanlagen entwickelten sich vielleicht zu endlosen Birkenbändern kreuz und quer durch das Land. Noch vieles andere würde möglicherweise noch nach Jahrtausenden in den »neuen natürlichen« Strukturen an längst vergangene Kulturen erinnern, so wie auch die alten großen Indianerkultstätten Südamerikas zum Teil vom Dschungel zurückerobert wurden. Dort ist der Urwald einfach über die Relikte dieser Kulturen hinweggewachsen, und kaum jemand würde hier von einer Kulturlandschaft sprechen.

Was ein jeder versuchen muß, ist die Möglichkeiten zu nutzen, die der eigene Garten bietet, um nicht nur die Einflüsse der Landschaft auf den Garten zu tolerieren, sondern sie zu fördern. Oft bedeuten die Gärten eines naturfernen Gebietes die einzigen Rückzugsorte überhaupt für die Natur in unserem Sinne.

Oben: Kleinteilige Landwirtschaft wird heute überwiegend als Nebenerwerb geführt. In diesem Kulturraum gibt es Platz für viele Lebewesen.

Unten: Ein schickes Poster?! Der Inhalt ist traurig. Entblößte und dadurch halbtote Landschaft.

ist. So wie es sich aber mit dem Beispiel Rasen und Wiese verhält, so gilt es auch in bezug auf die Natürlichkeit unserer Landschaft zwei Aspekte zu bedenken. Prinzipiell unterscheiden wir zwischen einer Natur- und einer Kulturlandschaft. Eine Naturlandschaft ist dabei eine vom Menschen in jeder Hinsicht unbeeinflußte Landschaft. In unserem Land gibt es bis auf die Relikte der Moorlandschaften solch eine Landschaft jedoch nicht mehr, und vermutlich trifft dies sogar auf ganz Mitteleuropa zu.

Eine Kulturlandschaft dagegen ist eine vom Menschen geschaffene oder beeinflußte Landschaft, die je nach Nutzungsgrad naturnahe (zum Beispiel wenig be-

Neuanlage und Umwandlung eines Gartens

W er im Zuge eines Neubaus auch einen neuen Garten anlegen will, hat es relativ einfach, kann er doch mit den gewonnenen Erkenntnissen auf seinem leeren Grundstück ungehindert zur Tat schreiten. Wieviel schwerer tut sich da unter Umständen der Gartenbesitzer, der sich seit vielen Jahren an sein Stück Garten-Langweile gewöhnt hat, der »stumpfsinnig« in gleichmäßigen Abständen zur Gießkanne greift, um sein Blautännchen zu gießen, dem einzigen »Schmuck« des bei 30 °C Hitze viel zu kurz gemähten, gelblich-grünen Rasens.

Was also bleibt diesem »Elenden« zu tun, wenn er plötzlich das Armselige seines Tuns erkennt? – Er braucht entweder gar nichts zu tun, oder er kann sich beim Umkrempeln des Gartens austoben. Das Nichtstun wird sich in einem so verarmten (wenn nicht gar heruntergekommenen) Garten wie dem oben skizzierten natürlich nicht auf alle Zeit erstrecken können, wenn man sichtbare Ergebnisse erwartet. Dem Aktivisten, der schneller sein will als die Natur, eröffnet sich jedoch ein weites Tätigkeitsfeld, in welchem er eine Fülle von Gedanken in die Tat umsetzen kann.

Für alle, die ihren naturnahen Garten im Zuge einer Neubaumaßnahme errichten wollen, folgen hier einige grundsätzliche Hinweise. Lassen Sie sich nicht vom Architekten oder der Baufirma von Ihrem Bestreben abbringen, alle lebenden Bestandteile des Grundstückes zu schützen und zu retten. Trotz Naturschutzgesetzgebung und Baumschutzverordnung bleibt bei einer Baumaßnahme oftmals noch genug Vegetation »übrig«, die scheinbar im Weg steht und nach deren Beseitigung es sich angeblich »leichter« arbeiten läßt. Ich denke da vor allem an junge Bäume, einen Strauchbestand, Obstbäume und eine Bodenflora, auf der gerne Baumaterial abgelagert wird. Haben Sie ein Grundstück, auf dem es etwas zu retten gibt, beschränken Sie den Baubetrieb auf das notwendige Maß und achten Sie genauestens darauf, daß die Vegetation auch tatsächlich geschützt wird. Schalbretter gehören nicht an Bäume gelehnt, und um 50 oder 100 m³ Boden zu transportieren, muß ein Radlader nicht den restlichen Gartenraum durchwalken. Baumaschinen dürfen nicht im Wurzelbereich von Bäumen aufgestellt werden, und schon gar nicht darf man mit Fahrzeugen und Maschinen über diese Wurzelbereiche fahren. Gegen die Bodenverdichtung schützen die meist nur als Stammschutz um vorhandene Bäume angelegten Bretterzäune oder Bretterverschläge nicht. Deshalb ist es sinnvoll, mit einem Schutzzaun gleich den ganzen Wurzelraum (mindestens Kronendurchmesser) abzuschirmen.

In Bereichen, wo gebaut, gelagert oder gefahren wird, ist der vorhandene Oberboden – er birgt schließlich das Bodenleben – sorgfältig abzutragen und an geschützter Stelle in nicht zu großen Mieten (maximal 3 m breit und 1,5 m hoch) zu lagern. Zum Schutz gegen Austrocknung und Abspülung empfiehlt sich eine Aussaat, falls eine schnelle Selbstbegrünung nicht zu erwarten ist.

Hoffnungslose Verdichtung kennzeichnet oft die Böden nach Abschluß der Baumaßnahmen. Sie macht sich in Form von Sauerstoffmangel und Staunässe und schließlich auch in der Schädigung von Bodenflora und -fauna bemerkbar. Unter solchen Bedingungen wachsen wieder nur einige »Spezialisten« – naturnah in unserem Sinne ist dies aber nicht. So ist darauf zu achten, daß *vor* dem Auftrag des zwischengelagerten Oberbodens der verdichtete Boden wieder gründlich gelockert wird. Wird danach allerdings der Oberboden mit schweren Maschinen aufgetragen, kann sich die ganze »Lockerungsübung« als nutzlos erweisen.

Die Formensprache

Die Linienführung

Was darf man in einem Garten der hier bezeichneten Prägung alles tun? Oder besser, was muß man nicht unterlassen?

Immer wieder spüre ich die Furcht vorm Gestalten solcher naturgemäßer Gärten. Doch diese ist unbegründet. Auch ein gestalteter Garten kann die größte Vielfalt an Lebensräumen bieten.

Schon wenn ich ein Beet anlege, beginne ich zu gestalten. Es stellt sich im naturbetonten Garten nicht die Frage, *ob* gestaltet wird, sondern *wie* man gestalten sollte. Dem Wissen um ökologische Zusammenhänge kommt in diesem Fall eine viel höhere Bedeutung zu als etwa der Form. Und die Wahl des zu verwendenden Materials ergibt sich aus dem, was uns die umgebende Natur vermittelt.

Immer wieder wird behauptet, die gerade Linie gehöre nicht in den Naturgarten, sie vertrage sich nicht mit dem naturnahen Charakter. Ich will gewiß kein Plädoyer für die gerade Linie an dieser Stelle halten, aber erstens bedeutet sie ganz gewiß keine Gefahr für einen Garten, welcher der natürlichen Entwicklung von Pflanze und Tier geöffnet sein soll. Zweitens ist zu bedenken, daß vielleicht viele Gartenbesitzer nur deswegen den Schritt zu einem natürlichen Garten nicht wagen, weil ihr Garten nun einmal rechtwinklige Wege aufweist. Der Gedanke an eine vollständige Umkrempelung des Ganzen, verbunden mit dem Glauben, der Garten müsse gekrümmte Wege aufweisen, ruft dann beim Besitzer schlicht und einfach Grauen hervor.

Denken wir nur an einen schnurgeraden Holzlattenzaun, der vom Holunder überwuchert wird, an dem sich von außen die Winde hochschiebt, oder der von Stauden durchwachsen ist. In all den Gär-

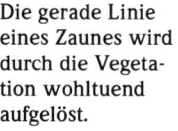

Die gerade Linie eines Zaunes wird durch die Vegetation wohltuend aufgelöst.

ten, wo nicht Schere, Sense und Hacke regieren, wird die gerade Linie von der natürlichen Entwicklung der Pflanzen aufgelöst. Abschließend sei hierzu gesagt: Die gerade Linie bedeutet das geringste Problem. Wo sie vorhanden ist, muß sie nicht zwingend beseitigt werden, wo sie fehlt, kann man auf sie weiterhin verzichten.

Die Topografie

Zur Formensprache eines Gartens gehört aber nicht nur seine Linienführung, sondern auch seine Topografie. Damit sind die Höhen und Tiefen gemeint, die das Gelände vorgibt, oder die es zu schaffen gilt. Auch in dieser Beziehung ist das Grundstück schonend zu behandeln. Man sollte in erster Linie die Vorgaben der Natur tolerieren und berücksichtigen. Bei besonders kleinen Grundstücken wird diese Frage nicht sonderlich ins Gewicht fallen. Da besonders kleine Grundstücke fast immer mit hoher Bebauungsdichte zusammenhängen, sind ohnehin andere Maßstäbe anzusetzen. Diese werden bei der Beschreibung der Gärten mit städtischem Charakter erläutert.

Bei den übrigen Gärten heißt es jedoch, das Grundstück auf seine feinen Nuancen in der Topografie zu erforschen. Sie werden sehen, daß sich diese Unterschiede in der Höhenlage, die oft nur wenige Zentimeter ausmachen, bereits auf die Vegetation auswirken können. Um so mehr gilt dies für Lagen in einem ganz offensichtlich bewegten Gelände oder für deutliche Hanglagen. In solchen Fällen kann selbst ein kleinerer Garten bereits über ganz unterschiedliche Räume verfügen, die beste Voraussetzungen für unterschiedlichste Lebensgemeinschaften bieten und damit eine große Artenvielfalt in sich bergen. In einem solchen von der Natur geformten Gelände wird natürlich nichts nivelliert, wird nicht der Berg ins Tal geworfen und auch kein künstliches Tal durch die Hinzufügung eines künstlichen Hügels erzeugt. Der Naturfreund wird seine Nutzung des Gartenraumes, soweit es ihm möglich ist, an die Gegebenheiten des Geländes anpassen.

Was aber macht der »arme« Naturfreund, dem sein Garten von Natur aus viel zu platt oder viel zu hügelig ist? Ich will eine undogmatische Haltung beibehalten, obwohl es der Dogmatiker bei manchen Punkten bedeutend leichter hätte, seine stereotype Antwort zu dieser oder jener Frage zu äußern. Was also macht der eben genannte Gartenbesit

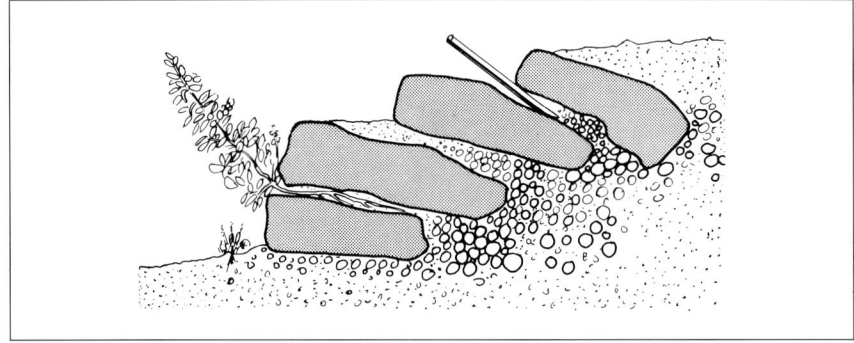

zer? Fängt er an zu buddeln, Löcher zu graben, Hügel zusammenzukarren oder macht er es noch einfacher und läßt sich Boden in den Garten fahren und gleich in entsprechenden Haufen abkippen, die dann nur noch etwas nachgearbeitet werden müssen ...

Muß solches Verhalten getadelt werden? Die Antwort kann nur lauten: »Jain!« In solchen Fällen ist das Problem landschaftsgebunden zu betrachten. Ist das Gelände nicht nur landschaftstypisch geformt, sondern steht es auch noch in unmittelbarer Verbindung mit der Landschaft (dies ist schon das nächste Kapitel!), ist eine ablehnende Haltung einzunehmen, ganz im Sinne des bisher aus diesem Buch Gelernten. Handelt es sich um verstädterte Bereiche, kann solch eine Handlungsweise in maßvollen Dimensionen eine wirkliche Bereicherung darstellen und als Ergebnis durchaus letzte Rückzugsmöglichkeiten für bestimmte Pflanzen und Tiere darstellen. Um das Kapitel zum unvollständigen, weil räumlich begrenzten Ende zu bringen, sei noch erwähnt, daß die Topografie eines Gartens oft auch bestimmt wird von den Gebäuden, die durch ihre Bauart Rampen, Terrassen, Ebenen oder Hänge vorzeichnen, welche mit den entsprechenden naturnahen Gestaltungsmitteln vorzügliche Möglichkeiten der Lebensraumgestaltung bieten.

Die Umgebung

Der Einfluß der Umgebung auf einen naturnahen Garten war bereits angeklungen. Man kann diesen Einfluß sicherlich zwei gleichwertigen und doch ganz gegensätzlichen Betrachtungsweisen unterziehen.

Wer seinen Garten in einer bereits natürlichen Umgebung liegen hat, wird sich fragen, warum gerade Wiese, Wald, oder was sonst noch die Umgebung im einzelnen darstellen mag, sich in seinem Garten fortsetzen soll. Gerade der Kontrast, den der Garten gegenüber der umgebenden Landschaft bildet, mache ja seinen Reiz aus. Gewiß kann ich mich dieser Anschauung grundsätzlich anschließen. In diesem Fall stellt sich dann die Frage nach den richtigen Mitteln, mit denen ich diesen Kontrast herbeiführe. Ein paar ganz einfache Beispiele mögen aufzeigen, was ich damit meine.

Die Marschlandschaft ist gekennzeichnet durch ihre flache, oft baumlose Weite. Die Bäume, der Kontrast zur horizontalen Linie, finden sich meistens im Nahbereich von einzeln liegenden Gehöften. Dort bieten sie in Verbindung mit Hecken dem Menschen, den Tieren und auch den Bauwerken selbst den nötigen Windschutz. Es stellt sich also gar nicht die Frage, ob Baum und Hecke hier angebracht sind oder nicht (sie sind es natürlich!), sondern *welcher Baum* und *welche Hecke* hierher passen. Die traditionellen Höfe hatten in der Wahl der Bepflanzung keine Schwierigkeiten. Pappeln und Wei-

den sind in bezug auf den Standort richtig gewählt und daher auch landschaftstypisch. Doch mit welchem Grauen erblicke ich immer wieder Ferienhäuser neueren Typs in gleicher Umgebung, die den Windschutzeffekt mit Fichten- und Kiefernwällen erzielen wollen. Fichte und Kiefer gehören nun einmal nicht in die Marsch.

Ein gutes Beispiel, wie sich landschaftliche Eigenheiten in Gärten hineinziehen, bietet die Berliner Havellandschaft. Die Villenvororte Wannsee und Zehlendorf sind praktisch hineingewachsen in den Grunewald, sprich den märkischen Kiefernwald, und so finden wir vornehmlich die Kiefer in fast allen der oft parkartigen Gärten als übergreifendes beziehungsweise verbindendes landschaftliches Element.

Auch der Obstgarten bildet einen Kontrast zur Landschaft und ein Zeichen menschlichen Wirkens. Er stellt jedoch eine willkommene Bereicherung dar, denn er bietet einer Fülle von kleineren Tieren Nahrung und Unterschlupf, sofern er frei bleibt von Chemikalien. Solche Gärten sind überwiegend vorbildlich in die Landschaft eingebunden. Die umgebenden Wiesen- oder Weideflächen ziehen sich fast ausnahmslos in solche Obstgärten hinein. Vor allem Gärten in Ortsrandlage kommt eine besondere Bedeutung zu, denn sie prägen das Ortsbild entscheidend. Mit ihrer Hilfe werden Ortschaften landschaftlich eingebunden.

Aber man kann natürlich auch andere Kontraste schaffen. Geradezu erbärmlich nehmen sich solche aus, die jegliche Bindung zur umgebenen Landschaft ignorieren, die auf das Peinlichste darauf achten, daß sich kein Grashälmchen, kein Kraut der benachbarten Wiese im Garten halten kann – so zu beobachten in Tausenden von Einfamilienhausgärten, die auf dem Lande in zum Teil schönster Umgebung entstehen.

Hierher werden mit einem Baustil, der meist nicht paßt, auch alle anderen Unsitten und Unsinnigkeiten vorstädtischer Gartenentwicklung transformiert. Aber wo soll ein naturgerichtetes, landschafts-

Der Garten wächst in die Landschaft hinein und wird dadurch ein Teil von ihr.

45

gebundenes Denken bei diesen Städtern – denn um solche handelt es sich meist – auch herkommen? Maßstab allen Gartenschaffens scheinen die scheußlichen Beispiele der alten und neuen Nachbarn zu sein.

Es ist einfach falsch, den Einfluß der Natur immer nur zurückzudrängen. Der Gartenbesitzer muß lernen, seine berechtigten Ansprüche bezüglich der Nutzung des Gartens maßvoll in die Tat umzusetzen. Er wird merken, daß man für 10 oder 20 m^2 Liegefläche nicht 500 oder 1000 m^2 Rasen unterhalten muß und wird staunen, was er an sinnlichen Wahrnehmungen alles gewinnt, wenn sich das Gartenbild naturgemäß, das heißt landschaftstypisch entwickeln kann.

Das alles muß nicht heißen, daß nun der Mensch im Garten überflüssig wird. Im Garten kann man zum Beispiel Pflanzen ansiedeln, die zwar landschaftstypisch sind, die aber aus irgendwelchen Gründen nicht mehr so häufig anzutreffen sind. Man kann landschaftstypische Lebensräume schaffen, die Rückzugsgebiete für Pflanzen und Tiere sein können.

Wer seinen naturnahen Garten in der Stadt anlegen will, sollte ebenfalls den Bezug zur umgebenden Landschaft suchen, denn nur so wird es möglich sein, einen Teil Natur und das Naturerlebnis wieder in den dicht besiedelten Raum zurückzuführen. Der Gartenbesitzer kann durch Wanderungen in die Umgebung seiner Stadt schnell feststellen, welche Pflanzen hier heimisch sind und sich auch im Garten kultivieren lassen. Die Innenstadtbereiche unserer großen Städte folgen ganz besonderen ökologischen Gesetzmäßigkeiten, auf die ich später noch eingehe.

Der naturnahe Garten kann also zwei Funktionen übernehmen. Einmal ist er ergänzendes und bereicherndes Element der umgebenden Landschaft. Dort, wo diese in naturhafter Weise nicht vorhanden ist, kann und muß der naturnahe Garten andererseits Träger verlorengegangener Naturelemente sein, damit heimische Pflanzen und Tiere in ihm wieder Fuß fassen können.

Die Bodenverhältnisse

Wer einen naturnahen Garten schaffen will, muß vor allem die vorhandenen Bodenverhältnisse kennen. In der überwiegenden Zahl der Gärten sind die vorhandenen Böden nicht mehr natürlich gelagert, sondern durch Aufschüttung, Abgrabung, Einbringen von Kompost und Dünger usw. verändert. Dies muß nicht grundsätzlich einen Nachteil für den naturnahen Garten bedeuten, jedoch sollte im Extremfall (zum Beispiel bei hochgradig überdüngten Böden) geprüft werden, ob sich auf solchen Böden noch landschaftstypische Pflanzen ansiedeln können.

Ansonsten erzielen wir mit der Bodenvorbereitung im Garten eine mehr oder weniger große Vielfalt von Lebensräumen, denn Sand, Lehm, Kies, Geröll, Kalk werden von ganz verschiedenen Lebensgemeinschaften besiedelt. So sind zum Beispiel Wacholder *(Juniperus communis)*, Küchenschelle *(Pulsatilla vulgaris)* oder Felsennelke *(Petrorhagia saxifraga)* Pflanzen, die Kalkböden bevorzugen, während sich auf nährstoffarmen Sanden beispielsweise die Kiefer *(Pinus sylvestris)*, das Leinkraut *(Linaria vulgaris)* oder das Echte Johanniskraut *(Hypericum perforatum)* wohlfühlen. Im Prinzip sollte man die standorttypischen Böden bevorzugen und wo immer möglich, zu erhalten suchen. Unterschiedliche Standortbedingungen auf dem Grundstück sollen nicht vereinheitlicht werden. Dadurch wird die Artenvielfalt gefördert. Dazu gehört auch, daß die Bodeneigenschaften nicht durch Düngung verändert werden. Jede Pflanzenart bevorzugt für sich ganz bestimmte Bodenverhältnisse, und es ist ein leichtes, sich in der Umgebung zu orientieren, wie die jeweiligen Böden beschaffen sind. Dazu ist es wichtig, die Augen aufzumachen und zu registrieren, welche Pflanze sich darauf ange-

siedelt hat. Wieder wird man dadurch etwas hinzulernen und ein bißchen mehr von dem begreifen, was Natur bedeutet und ausmacht.

Wo ein standorttypischer Boden durch tiefgreifende Veränderungen (zum Beispiel nach dem Bau eines Hauses) nicht mehr vorhanden ist, kann man versuchen, den früheren Zustand wieder herbeizuführen. Man müßte dazu Bodenverdichtungen beseitigen, vermischte Böden entfernen und dafür Boden anfahren, der genau dem früher vorhandenen Bodenmaterial entspricht. Das alles ist jedoch nur mit hohem finanziellen Aufwand möglich. Leichter und durchaus legitim im Sinne unseres Themas erscheint jedoch die Absicht, aus der vorhandenen Situation etwas Rechtes zu machen. Hierzu gehört lediglich etwas Phantasie, und man kann unter Umständen sogar noch Geld sparen, weil man sich die Abfuhrkosten für den übriggebliebenen Boden und die Baumaterialien sparen kann. Aus den Relikten des Bauschaffens läßt

sich beinahe ein »Naturlehrpfad« entwikkeln.

Ich will keinen Gartenbesitzer dazu ermuntern, seinen Garten in Form einer Baustelle zu gestalten, jedoch mit oben bemühter Phantasie wird aus übriggebliebenem Schotter und Kies ein sanfter Wall. Findlinge, die aus der Baugrube geborgen wurden, geben einen mit kleineren Steinen ergänzten »Haufen« ab und der große Berg Lehm wird ein bißchen abgeflacht und am Fußpunkt zu einer Mulde ausgeformt, die Regenwasser aufnehmen kann. Schließlich findet auch der Rest Kalk, mit etwas Kies vermagert, als Unterbau und Fugenfüller für die restlichen Klinker in einer Platz- oder Wegefläche sinnvolle Verwendung.

Was für eine Fülle unterschiedlichster Lebensräume haben wir mit diesem Tun geschaffen! Schotter und Kies bilden einen Trockenstandort, Findlinge und Steine bieten Unterschlupf für Tiere. Der »Lehmberg«, ein guter Boden, verfügt über eine Sonnen- und eine Schatten-

So farbig geht es auf den Bodenmieten zu.

seite, der Fußpunkt wird zum feuchten Bereich, und Kalk unter der Klinkerfläche bietet Raum für Fugengrün, aber nur für kalkliebende Pflanzen. Werden nun diese Flächen der Natur überlassen, wird der Gartenbesitzer über die Vielfalt staunen, die sich hier einstellt.

Baumaterialien

Die Baumaterialien des naturnahen Gartens sollten ebenfalls natürlichen Charakter aufweisen. Es versteht sich von selbst, daß landes- und landschaftstypischen Materialien der Vorzug zu geben ist. Wo dies, aus welchen Gründen auch immer, nicht möglich erscheint, muß bei der Wahl des Baumaterials darauf geachtet werden, daß es dem Charakter des naturnahen Gartens nicht entgegensteht. Da es sich in diesen Fragen neben den rein ökologischen Aspekten (denn Baumaterialien sind Lebensraum) auch um Gestaltungsfragen handeln kann, will ich an dieser Stelle nicht näher auf die Materialauswahl eingehen, appelliere jedoch an das ästhetische Empfinden jedes einzelnen. Ich bitte darum, sich genauestens zu überlegen, welche künstlichen Baumaterialien, falls sie unumgänglich erscheinen, man einzusetzen gedenkt.

Sie haben sicher bemerkt, daß ich bei den aufgeworfenen Fragen nur die Prinzipien aufzeige, mich aber im Detail zurückhalte. Das Feld ist zu vielschichtig, die Zahl der Möglichkeiten zu groß, um für jeden Fall eine geeignete Ausführung zu zeigen. Und nichts wäre schlimmer, als wenn auch nur ein Leser zu diesem Buch greifen und etwas nach einem zwar im Normalfall funktionierenden Schema konstruieren würde – und dann hereinfällt, weil bei ihm anders geartete Voraussetzungen bestehen. Dieses Buch ist also keine praktische Anleitung, sondern ein Ideengeber. Das Handwerkliche, also die Ausführung im Detail, muß jeder für sich und seine Situation nach eigenem Wissen oder mit Hilfe zusätzlicher Informationen bewerkstelligen.

Holz

Wenn es im Garten etwas zu bauen gibt, dann ist mit großer Sicherheit Holz als Baustoff gefragt. Das gilt für Lauben, Rankspaliere, Pergolen und Zäune sicher noch häufiger als für Stützwände und Bodenbeläge. Holz als natürlicher Baustoff fügt sich bestens in das Gesamtbild eines naturnahen Gartens ein. Wenn man nun Holz in Verbindung mit dem Erdboden einbaut, ist eine Imprägnierung mit Imprägniersalzen (im Kessel- oder Wechseldruckverfahren) ratsam, die den Verfall des Holzes hinauszögern. Dies gilt vor allem, wenn Holz als Holzpflaster, als Trittstufen oder zur Abstützung des Geländes eingesetzt wird. Die verschiedenen Holzarten zeigen eine unterschiedlich lange Lebensdauer. Die Fichte ist relativ schlecht haltbar, während die Eiche beständig gegen die Verrottung ist. Die beste Haltbarkeit weisen tropische Harthölzer auf. Die Lebensdauer der heimischen, weniger haltbaren Hölzer, die schnell Verrottungserscheinungen zeigen, kann durch Imprägnierungen unterschiedlichster Art und durch konstruktive Maßnahmen bedeutend verlängert werden. Selbst für ein Wandspalier muß man die Anforderungen an die Haltbarkeit festlegen. An kleinen Flächen, wie sie zum Beispiel Einfamilienhäuser aufweisen, und die außerdem verhältnismäßig leicht zugänglich sind, bilden Gerüste mit einer geringeren Lebensdauer sicherlich kein Problem, obwohl es immer bedauerlich ist, gut zugewachsene Wandflächen wegen Mängel am Gerüst reparieren oder gar auflösen zu müssen. Auf keinen Fall aber kann man sich kurzlebige Rankhilfen am großen Mietshaus leisten, denn hier sind Reparaturen in luftiger Höhe kostspielig. Für große, umfangreiche und auch künstlerisch gestaltete Rankgerüste aus Holz kommt nur langlebiges, bestens imprägniertes Material in Frage.

Bei den tropischen Harthölzern ist eine Imprägnierung nicht notwendig, aber ich gebe zu bedenken, daß der Ein-

48

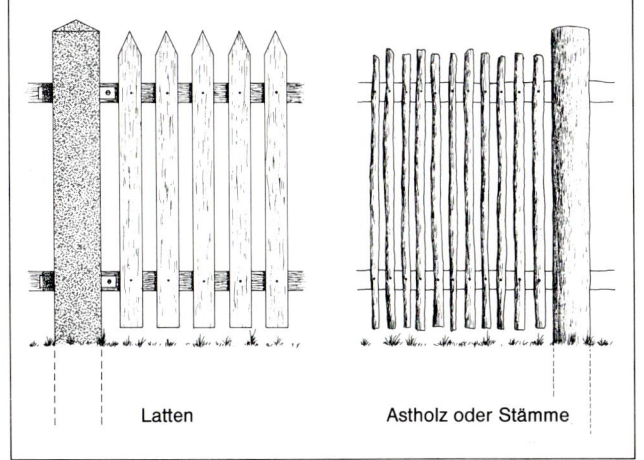

Latten · Astholz oder Stämme

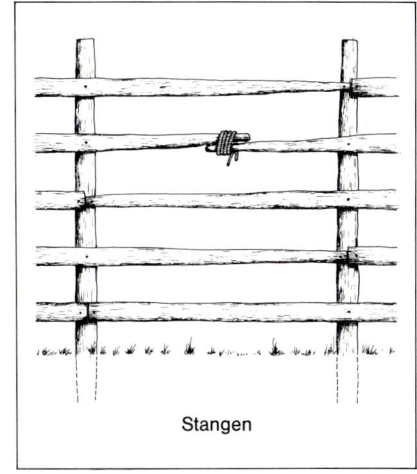

Stangen

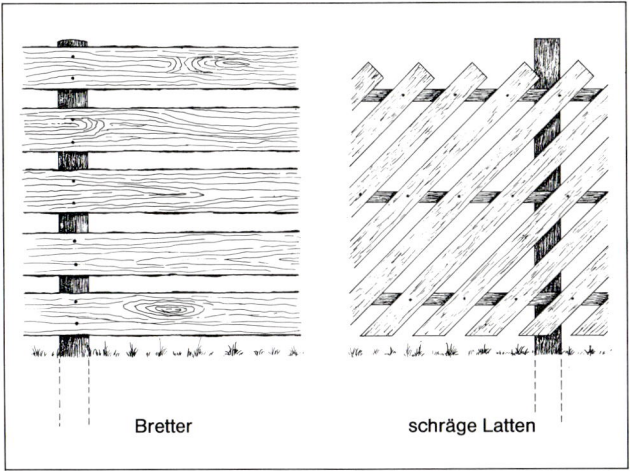

Bretter · schräge Latten

Balken

satz solcher Hölzer einen Beitrag zur Vernichtung der tropischen Wälder leistet. Aus diesem Grunde: Nicht verwenden! Die giftigen Bestandteile von Holzbehandlungsmitteln können mit ihren Ausdünstungen das Pflanzenwachstum stark beeinträchtigen. Die beim Kessel- oder Wechseldruckverfahren eingesetzten Imprägniersalze wirken sich nicht nachteilig aus. Am günstigsten wäre ein Holzschutz mit natürlichen Mitteln. Völlig giftfrei sind Lasuren auf der Basis bestimmter Pflanzenharze und -öle, die auch Schutz vor Insekten- und Pilzbefall bieten. Inzwischen bietet der Fachhandel solche Produkte an.

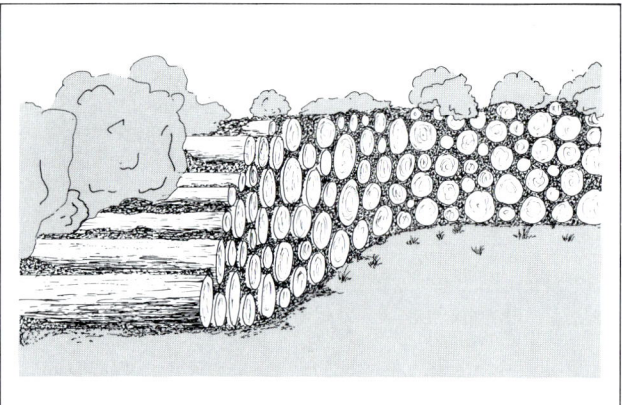

Stützwand aus liegenden Stangen und Astabschnitten

Oben: Die Stützwand festigt den Hang, bietet Unterschlupf für Tiere und wird nach einigen Jahren gut zugewachsen sein.

Unten: Schichtholz als unauffällige Geländestütze.

Verschiedene konstruktive Maßnahmen sind zu treffen, so daß möglichst überall Wasser von den Holzteilen ablaufen kann, um ständige Feuchtigkeit zu vermeiden. Das sogenannte Kopfholz, also das Ende einer Latte, ist besonders gefährdet, ebenso wie der Übergangsbereich Erde-Luft, wenn Pfosten im Erdreich verankert sind. Ein einfaches Mittel ist das Abschrägen der Kopfstücke. Sollten Pfosten aus Holz notwendig werden, befestigt man sie auf in Fundamenten

verankerten Halterungen aus Beton oder Metall, so daß die Pfosten mit der Erdfeuchte nicht in Berührung kommen.

Holzstämme eignen sich zur Begrenzung von Wegen, und nicht zuletzt zählt auch die zerkleinerte Baumrinde als Abstreuung für Wege zum Baustoff Holz. Aus Holz läßt sich das Vogelhaus zimmern und eine kleine Tränke aus einem Baumstamm schälen. Mit Astabschnitten und Stangenholz von etwa 1 m Länge kann man auch nach dem Prinzip von Holzstapeln Geländesprünge überwinden. Gut gestapelt und mit Boden verfüllt geht so eine Stützwand schon nach kurzer Zeit vollständig in einen »natürlichen« Zustand über.

Die Bedeutung des Holzes als Baustoff liegt natürlich auch darin begründet, daß das Holz selbst als Lebensraum für den naturnahen Garten unentbehrlich ist.

Natursteine

Steine begegnen uns fast überall. Meist wird gar nicht intensiv genug darüber nachgedacht, was sich mit Steinen alles schaffen läßt.

Feldsteine, Bruchsteine, Findlinge, Geröll, Kiesel, bearbeitete und naturbelassene Steinmaterialien lassen sich zu unterschiedlichsten Motiven im naturnahen Garten formieren. Ob als Wegebelag mit und ohne Fugen für Pflanzen, ob als Mauern – vorzugsweise als Trockenmauern – aufgesetzt, als Wegeeinfassung, als Geröllhang oder einfach nur als Steinhaufen, oder ob man Einzelsteine am Wasser aufstellt, immer bedeutet der Naturstein eine Bereicherung und Zierde eines jeden Gartens. Da unsere Landschaften auch durch die verschiedenen Gesteine geprägt werden, erscheint es inzwischen dem Leser hoffentlich als selbstverständlich, nur Gestein aus der Umgebung zu verwenden. Zumindest sollten die wichtigsten, in die Landschaft hineinwirkenden steinernen Elemente im Garten, wie zum Beispiel Stütz- und Einfassungsmauern, dem Landschaftstyp

Links: Fugengrün
zwischen polygo-
nalen Terrassen-
platten.

Rechts: Halbierte
Flußkiesel als
Wegebelag.

und der traditionellen örtlichen Bauweise entsprechen.

Kunststeine

Wer einen naturnahen Garten anlegen
will und Mauern und Wege benötigt, der
kann dafür auch zu künstlichen Steinen
greifen. Der eigentliche Vorteil dieser
Materialien liegt für die Gartenbesitzer
oft im Preis. Ich würde solche Steinmaterialien dennoch nicht bevorzugen, andererseits liegt es mir auch fern, beim Leser
eine unbegründete Aversion gegen jeg-
lichen Kunststein zu schüren.

Wovor ich allerdings dringend warnen
möchte, und dies vor allem aus landes-
kulturellen Gründen, ist eine Verwendung von sogenannten Ornamentsteinen
jeglicher Art. Immerhin hat die Betonin-
dustrie in den letzten Jahren eine Entwicklung durchgemacht, die bei einzelnen Produkten wieder an einfache Form-
gebungen anknüpft und so auch aus ge-
stalterischer Sicht einiges aus der Ferti-
gung auch in Gärten der hier genannten
Ausprägung zuläßt.

Was Beton betrifft, sollte man einmal
mit offenen Augen durch die Landschaft
gehen, um zu erkennen, daß schon um
1900 Beton – den übrigens schon die
alten Römer kannten – mit Vorliebe Verwendung fand. Die Perfektion, mit der zu
dieser Zeit Beton durch bestimmte Zu-
schlagstoffe und Fertigungstechniken
entstand und manchmal nur mit Mühe
von Naturstein zu unterscheiden war,
wird heute kaum mehr erreicht. Schaue
ich mir alte Betonmauern an, so stelle ich
fast immer fest, wie gut sie sich aufgrund
ihrer im Laufe der Zeit angenommenen
Patina in die umgebende Landschaft ein-
gliedern. (Die Patina wird durch Flechten, Algen, Moose oder Farne hervorgerufen, die sich in kleinen Rissen ansiedeln.) Das gleiche gilt für alte Mauern
jeglicher Art mit Putzbewurf. Allerdings
verfügen solche Elemente in der überwiegenden Mehrzahl auch über formale
Qualitäten, die ihre eher triste Erscheinung im Landschafts- oder Stadtbild mil-
dern.

Dies soll nun allerdings kein Plädoyer
für Beton sein, sondern lediglich ein Hinweis, daß mit etwas Augenmaß auch Beton als Baumaterial dem Planenden keinen Angstschweiß auf die Stirn zu treiben braucht. Tieren und Pflanzen ist es
letztlich egal, wo sie siedeln, wenn sich
nur etwas zum Siedeln findet. Ein Haufen Betonschotter wird am Ende ebenso
von der Natur erobert wie ein Haufen
Flußkiesel.

Eine ganz andere Art künstlicher
Steine sind die Klinker. Der Klinker, aus
natürlichem Material gebrannt, ist in seiner Eigenart im Prinzip so landschafts-

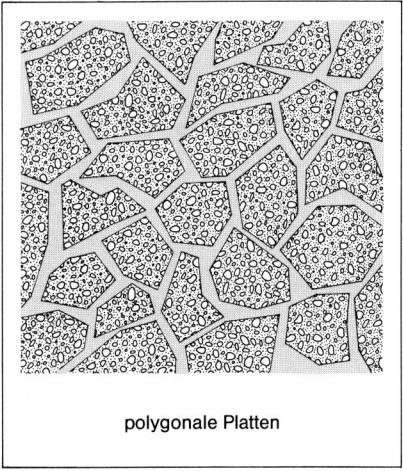

polygonale Platten

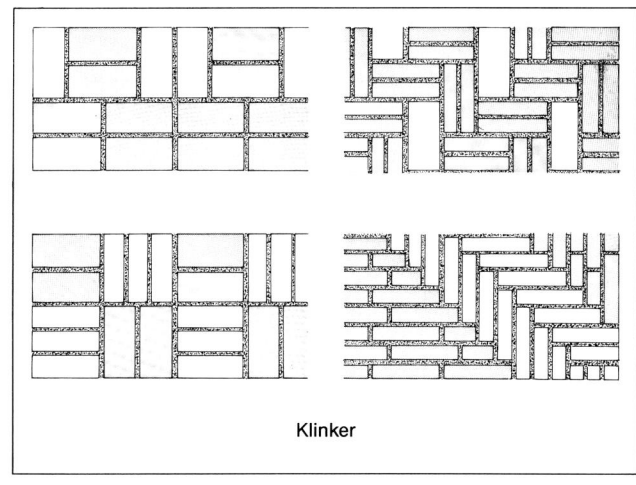

Klinker

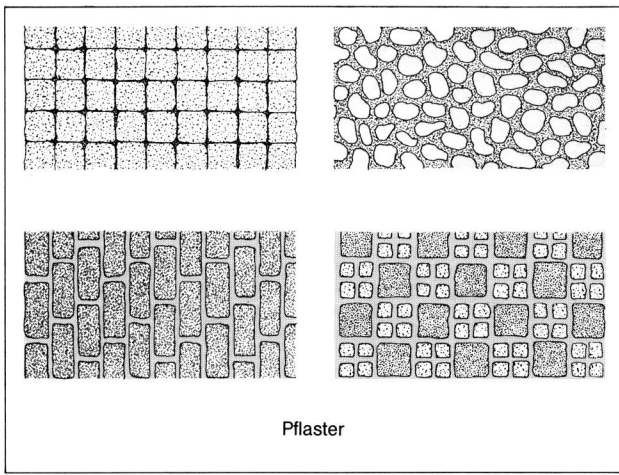

Pflaster

Betonbruchmauer

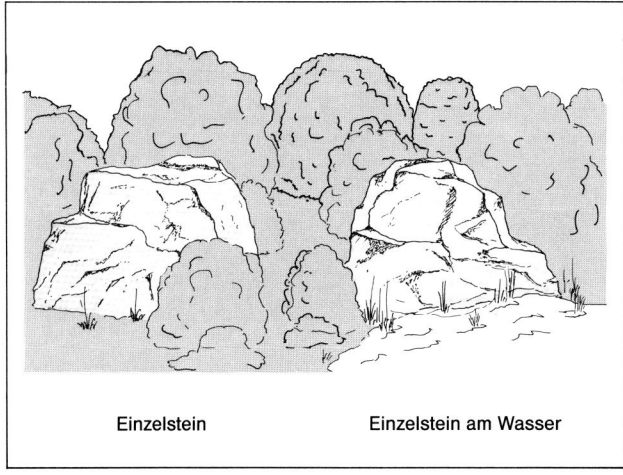

Einzelstein   Einzelstein am Wasser

Steinhaufen, Höhlen

typisch wie ein Naturstein, da die Eigenschaften und das Aussehen des Klinkers neben der Art des Brandes auch durch das Rohmaterial der jeweiligen Entnahmestelle geprägt werden. Dadurch zeigen die Klinker ortstypische Merkmale. Zur Verwendung des Klinkers im Garten brauche ich bestimmt nicht viel zu sagen. Es gibt eine Vielzahl von Verlegemustern für Wege. Der Klinker eignet sich als Wegeinfassung ebenso wie für Mauern. Wichtig ist allerdings, daß der Klinker für den Garten frostfest sein muß. Die Aufnahme von Wasser muß also soweit minimiert werden, daß bei Frost der Klinker nicht platzt. Bei entsprechend großformatigen Klinkern können diese auch als Trockenmauer aufgesetzt werden, wobei ich eine Höhe von maximal 1 m nicht überschreiten würde. Die Klinker müssen dann allerdings der Länge nach in den Hang gebaut werden. Mit einem Normalformat kann man bedenkenlos Geländesprünge bis 0,6 m in dieser Bauweise überwinden.

Wenn nun der Abschnitt über die künstlichen Steine länger geworden ist als der über die Natursteine, liegt dies nicht darin begründet, daß der Kunststein im naturnahen Garten die größere Bedeutung hat. Der Grund liegt in seiner schwierigeren Anwendung, die mir etwas weiter ausgeholte Erläuterungen notwendig erscheinen ließen.

Teichdichtungen

In allen Bodenarten, die nicht sehr stark lehm- oder tonhaltig sind, muß zur Abdichtung einer Wasserfläche etwas getan werden. Die naturnaheste Methode, eine Teichdichtung vorzunehmen, ist die mit Lehm oder Ton, sofern dieser günstig zu beschaffen ist. Es gibt inzwischen auch Hersteller, die eigens solche Lehm- oder Tonplatten für Teichdichtungen liefern. Wer eine Ziegelei in der Nähe hat, holt sich dort am besten ungebrannte Ziegel.

Die Dichtung wird in feuchtem Zustand auf ein Sandbett aufgebracht, festgeschlagen oder gestampft und geglättet. Wo Lehm oder Ton nicht in ausreichender Menge und zu vernünftigen Preisen zu beschaffen ist, kann die Dichtung eines Beckens auch mit Beton erfolgen. Auf einen Unterbau aus Schotter und Kies (siehe Abbildung) wird der Beton aufgebracht. Bei sehr kleinen Becken läßt sich dies relativ einfach bewerkstelligen, während bei großen Anlagen hierauf sehr viel Sorgfalt zu legen ist. Wenn der Teich dicht sein und vor allem dicht bleiben soll, muß es bei großen Betonflächen wasserdichte Dehnungsfugen geben, die am besten der Fachmann anlegt. Außerdem ist eine Armierung des Betons und

Landschaftsgebundene Baukunst in Form einer Trockenmauer.

Gegenüberliegende Seite und oben: Bauweise mit Steinen.

53

Die Größe des Teiches bringt bereits einen erheblichen Aufwand bei der Anlage mit sich. Für die Tier- und Pflanzenwelt ist er ein idealer Lebensraum.

eine entsprechende Betonqualität erforderlich, die nicht nur durch das Mischungsverhältnis, sondern auch durch eine fachgerechte Verarbeitung des Betons erzielt wird. Bei aufwendigen Teichanlagen in dieser Ausführung rate ich vom Selbstbau ab.

Eine der einfachsten und sichersten Bauweisen zur Abdichtung von Teichen ist derzeit vermutlich die Foliendichtung. Einzig der Grund, daß der Produktionsprozeß solcher Folien so wenig umweltfreundlich ist und es sich nicht um natürliche Produkte handelt, veranlaßt mich, sie nicht an den Anfang dieses Kapitels zu stellen. In der Tat erscheint die heute erzielte hohe Qualität solcher Teichdichtungsfolien, vor allem ihre für den Fachmann problemlose Verarbeitung und leichte Formbarkeit bestechend.

Immer wieder werden die in fast jedem Heimwerker-Bedarfsgeschäft angebotenen PVC-Folien als ausreichend für Dichtungen angesehen. Davor muß ich eindringlich warnen! Nur solche Folien,

die einer Durchwurzelung standhalten, die verrottungsbeständig, UV-stabil, dabei auch noch elastisch genug und tier- und pflanzenverträglich sind, eignen sich als Teichdichtung. Außerdem sollten solche Folien auch einen – versehentlichen – Stoß mit einem Spaten oder dem Aufprall eines spitzen Steines standhalten können, ohne gleich ein Loch oder einen Riß zu bekommen.

Um noch einmal auf das oben genannte PVC zu sprechen zu kommen, nur ein Beispiel am Rande: Die einfachen Folien dieser Art sind mit sogenannten Weichmachern ausgestattet, um die Elastizität zu fördern. Mikroorganismen sind jedoch in der Lage, Weichmacher als Nährsubstrat auszunutzen. Außerdem sind Kunststoffe auch gegenüber mechanischer Beschädigung durch ganz verschiedene Tierarten wie Nagetiere oder bestimmte Insekten nicht völlig beständig. Ich rate in der Frage der Folienabdichtung dazu, sich vorher gewissenhaft zu informieren. Es gibt eine ganze Reihe

54

von unterschiedlichen brauchbaren Folien. Eine Teichdichtung mit Folie würde ich stets mit Boden, Kieseln oder ähnlichem abdecken, so daß nicht nur ein Schutz, sondern auch eine optische Verbesserung gegeben ist.

Recycling-Material

Der naturnahe Garten ist vortrefflich dazu geeignet, bereits gebrauchte Materialien wieder zur Anwendung kommen zu lassen. Hierbei denke ich nicht so sehr an die sogenannte »Laubenpieper-Manie«, welche beabsichtigt, »Alles und Jedes« einer neuen Nutzung zuzuführen. Ich meine im Gegensatz dazu hier in erster Linie diejenigen Materialien, welche im ersten Augenblick wertlos erscheinen und mit denen man aus diesem Grunde auch zunächst einmal nichts anzufangen weiß.

Hierzu gehört der Aufbruch von Betonflächen. Dieser aufgebrochene Beton läßt sich, wenn die Betonschicht nicht zu dick ist, leicht mit einem Vorschlaghammer zu schotterähnlicher Größe zerschlagen und dann zum Beispiel als »Fundamentgestein« für Mauern verwenden. Auch unter Wegen, die einer Belastung durch Fahrzeuge standhalten müssen, lassen sich solche Betonreste verwenden. Kann der Beton nicht so stark zerkleinert werden, lassen sich auch die Aufbruchplatten selbst, welche meist polygonale Formen aufweisen, zu kleinen Trockenmauern aufschichten. Dabei schichtet man die Platten natürlich so, daß immer möglichst lange, gerade Seiten zur Ansicht gedreht werden.

Nach dem gleichen Prinzip lassen sich auch Platten, Klinker oder andere Pflastermaterialien einem neuen Zweck zuführen und ersparen oftmals die kostspielige Abfuhr und Anfuhr neuer Baumaterialien, welche gleiche oder ähnliche Zwecke erfüllen sollen.

Ich glaube, es ist überflüssig, auch noch Vorschläge über die Verwendung von alten Klinkern oder Natursteinen zu unterbreiten. Sie können im allgemeinen wie Neumaterial eingesetzt werden, sehen oft jedoch viel besser aus, weil sie bereits von den Einflüssen der Natur gezeichnet sind.

Überwiegend Insekten werden in solchen Scherbenhaufen mit ihren vielen Höhlen Unterschlupf finden. Der Haufen kann auch zum Teil mit Erde zugedeckt werden.

Die Pflanze als Baumaterial

Gründe, die für die Anwendung von Pflanzen sprechen

Lebende Pflanzen unter dem großen Kapitel der Baumaterialien zu behandeln, mutet vielleicht zunächst einmal seltsam an. Jedoch verbirgt sich dahinter das weite Gebiet der Grün- und Lebendverbaumethoden, welches auch unter dem Begriff »Ingenieurbiologische Bauweisen« geführt wird. Diese sind unter dem Aspekt technischer und ökologischer Wirkung auch für den naturnahen Garten von Bedeutung, erst recht für den Teil der Gärten, der unter einer Vielzahl von ungünstigen Standortverhältnissen leidet. Diese Standortnachteile können charakterisiert sein durch

- die Geländeform (Morphologie) zum Beispiel steiles Gelände
- die Bodenphysik, zum Beispiel reiner Sandboden, Bodenverdichtung, ungünstige Wasserverhältnisse
- Bodenchemie, zum Beispiel Nährstoffarmut, Gift im Boden
- Bodenmechanik, zum Beispiel Bodenerosionen
- Klima, zum Beispiel Winddruck, Frostlage
- biotische Gründe wie das Fehlen von Bodenfauna und -flora

Vermutlich wird jeder, der die Aufzählung einmal anhand eigener Erfahrungen überprüft, zu der Erkenntnis kommen, daß ihn solche Mängel schon während seines eigenen Gartenschaffens geplagt haben, denen man irgendwann mit Mauern, Pflaster, Dünger oder Windschutzwänden zu Leibe gerückt ist. Die wenigsten werden sich darüber Gedanken gemacht haben, diesen für einen Garten negativen Erscheinungen mit pflanzlichen Mitteln zu begegnen. Dennoch steht eine ganze Palette von erprobten Methoden und Erkenntnissen zur Verfügung, um steile Hänge festzulegen, sterile Böden zu verbessern und zu begrünen, eine Entwässerung vegetationstechnisch durchzuführen usw.

Bodenfestigende Pflanzen, die der Erosion entgegenwirken, sind zum Beispiel für Sandböden *Betula pendula* (Sandbirke) und *Carpinus betulus* (Hainbuche). Für feuchte und nährstoffreiche Böden eignet sich *Fraxinus excelsior* (Esche) oder *Larix decidua* (Lärche), für besonders lockeren Boden *Fagus sylvatica* (Buche). Zur Festigung von Böschungen kommen vor allem Gehölze in Frage wie *Acer campestre* (Feldahorn), *Caragana arborescens* (Erbsenstrauch), *Clematis vitalba* (Waldrebe), *Cornus mas* (Kornelkirsche), *Populus* (Pappel), *Prunus padus* (Traubenkirsche), *Rosa canina* (Hundsrose), *Salix*-Arten (Weide), *Syringa vulgaris* (Flieder) oder *Viburnum opulus* (Gemeiner Schneeball).

Steile Hänge können auch durch Aussaat von Gräsern und Kräutern in Verbindung mit Gehölzsaat festgelegt werden. Gegen Winderosion und Austrocknung des Bodens helfen Hecken und Feldgehölze. Um vernäßte Standorte auszutrocknen, kann man Pflanzen mit hohem Wasserbedarf einsetzen, wie die Birke oder *Populus tremula* (Zitterpappel). Bodenverdichtung kann man beispielsweise mit *Medicago sativa* (Luzerne) begegnen. Eine Bodenverbesserung erzielt man mit Leguminosen wie *Lupinus* (Lupine), *Pisum sativum* (Erbse) oder *Trifo-*

lium-Arten (Klee). Diese Pflanzen leben in Symbiose mit Bakterien, die in den Wurzelknöllchen Luftstickstoff binden. Der Boden wird dadurch zusätzlich mit Stickstoff angereichert. Bei dieser sogenannten Gründüngung werden die Pflanzen als ganzes in den Boden eingearbeitet, ehe man die Gartenpflanzen ausbringt.

Auswahlkriterien

Pflanzen, welche im naturnahen Garten unter den genannten Aspekten Verwendung finden sollen, sind nach verschiedenen Kriterien auszuwählen. Pflanzensoziologisch und ökologisch sollen sie zwar dem Anspruch des naturnahen Gartens entsprechen, müssen aber den ihnen zugedachten Funktionen in gleicher Weise gerecht werden. Daher sind zum Beispiel die Vermehrbarkeit der Pflanzen (Möglichkeit der Teilung), das Bewurzelungsvermögen oder eine gute Aufbaukraft und Wuchsleistung von Pflanzen grundlegende Forderungen. Dabei erweist sich natürlich die Kenntnis von Pioniergesellschaften auf den Rohböden und ihre Folgegesellschaften bis hin zur standortgemäßen Schlußgesellschaft schon fast als Voraussetzung für die Pflanzenauswahl.

Aber welcher Gartenbesitzer verfügt schon über solch wissenschaftliche Erkenntnisse. Dieses Wissen läßt sich oftmals durch eine Bestandsaufnahme in der Umgebung des Gartens soweit erwerben, daß es Rückschlüsse auf den Einsatz von Pflanzen im eigenen Garten erlaubt. Da von dem benötigten Pflanzenmaterial nicht alles im Handel sofort erhältlich ist, kann man für die Bedarfsdeckung Wildlinge von Gehölzen verwenden oder auch bei Gräsern und Kräutern von Naturbeständen Samen ernten. Daß dies natürlich nur im Rahmen der Naturschutzbestimmungen möglich ist, versteht sich wohl von selbst.

Oftmals sind die Böden, auf denen wir einen Garten anlegen wollen, gar keine Böden im pedologischen Sinne, sondern gänzlich unbelebte Substrate, also Standorte für Pionierpflanzen. Es gibt eine reiche Auswahl unter den heimischen Pflanzen, von denen ich aber nur die Gehölze in der Tabelle zusammengestellt habe. Um solche Standorte zu besiedeln, bedarf es der Kenntnis um die Ansprüche der Pflanzen. Man muß also ihren Bedarf an Bodenfeuchte, Nährstoffe, Wärme oder Licht kennen.

Verbaumethoden

Dieses Kapitel dient dem Zweck, Betonpalisaden, Betonschwellen, Winkelteile und ähnliche Scheußlichkeiten aus dem Garten möglichst fernzuhalten.

Die im folgenden kurz beschriebenen wichtigsten Methoden, um gefährdete Böden zu sichern, haben ausschließlich rein vegetativen Charakter. Die dabei verwendeten Pflanzen sind in der überwiegenden Zahl Pionierpflanzen, welche die Entwicklung künftiger Pflanzengesellschaften einleiten.

Bei meiner Betrachtungsweise muß der Leser zwangsläufig die Wahl der Verbaumethode nach den baulichen Erfordernissen, dem Ziel seines naturnahen Gartens (Wiese, Gebüsch, Wald) oder dem gewünschten oder als notwendig erachteten ökologischen Wirkungsgrad abhängig machen. An dieser Stelle kann ich nicht auf die Art der Pflege und den Unterhalt solcher Grünverbauungen eingehen. Es sei dennoch erwähnt, daß sich nach einer Bodenuntersuchung der in Frage kommenden Gartenpartien eine Düngung mit mineralischem, tierisch- oder pflanzlich-organischem Dünger oder eine Gründüngung anbieten kann. Dabei ist nicht die Freigabe von Nährstoffen allein entscheidend. Die eigentlich grundlegende ökologische Wirkung liegt in der Aktivierung von Bodenorganismen. Eine Bewässerung sollte nur zu Anfang und mäßig erfolgen, so daß das Wurzelsystem seine Ausbildung nur in dem Maße erfährt, wie es der jeweilige Klimabereich

Pioniergehölze für Lebendbaumaßnahmen und Rohbodenbesiedelung

		Boden				Bewurzelung		
		sauer	basisch	frisch	Rohboden	schnell	tief	flach
Acer pseudoplatanus	Bergahorn	X	X	X	X	X	X	
Alnus incana	Grauerle		X	X	X	X	X	X
Alnus viridis	Grünerle	X		X		X	X	
Amelanchier ovalis	Felsenbirne		X				X	
Berberis vulgaris	Berberitze, Sauerdorn		X				X	X
Betula pendula	Hängebirke, Sandbirke	X		X	X	X		X
Betula pubescens	Moorbirke	X		X	X	X		X
Cornus sanguinea	Roter Hartriegel		X	X	X	X	X	
Corylus avellana	Hasel		X	X	X	X		X
Crataegus monogyna	Weißdorn		X				X	
Cytisus scoparius	Besenginster	X				X	X	X
Euonymus europaea	Pfaffenhütchen		X	X		X		X
Fraxinus excelsior	Esche	X	X	X	X	X	X	
Ligustrum vulgare	Liguster		X	X	X	X		X
Lonicera caerulea	Blaue Heckenkirsche		X	X		X		X
Lonicera nigra	Schwarze Hecken-kirsche	X	X	X		X		X
Populus tremula	Zitterpappel	X	X	X		X		X
Prunus avium	Vogelkirsche		X	X		X	X	
Rhamnus frangula	Faulbaum	X		X		X		X
Rosa arvensis	Feldrose		X	X		X	X	
Rosa canina	Hundsrose	X	X		X	X	X	X
Rubus fruticosus	Brombeere	X	X	X	X	X	X	X
Rubus idaeus	Himbeere	X	X	X		X	X	X
Salix aurita	Ohrweide	X		X	X	X	X	
Salix caprea	Salweide	X	X	X	X	X	X	
Salix nigricans	Schwarzweide		X	X		X	X	
Sambucus nigra	Schwarzer Holunder	X	X	X		X	X	
Sambucus racemosa	Traubenholunder	X	X	X		X	X	
Sorbus aria	Mehlbeere	X	X					
Sorbus aucuparia	Eberesche, Vogelbeere	X		X	X	X		X
Viburnum lantana	Wolliger Schneeball		X		X		X	
Viburnum opolus	Gemeiner Schneeball	X	X	X		X	X	

durch natürliche Niederschläge auch ermöglichen würde. Die Mahd von Gras- und Kräutersaaten fördert nicht nur das Wurzelwachstum, sondern begünstigt auch niedrige und langsam wachsende Arten. Schließlich beugt eine möglichst vielfältige Pflanzenauswahl bereits im Ansatz einem späteren Schädlings- oder Krankheitsbefall vor.

Als die wichtigsten Sicherungsbauweisen für den naturnahen Garten, der ja stets nur einen kleinen, überschaubaren Teil der Landschaft ausmacht, betrachte ich die Sicherung von Hanglagen (auch gering geneigter) und die Sicherung der Uferbereiche fließender Gewässer, obwohl sich diese nur relativ selten im Bereich von Gartengrundstücken finden.

Dieser Gartenzaun wird schon bald überwachsen sein, ohne daß seine Funktion darunter leiden würde. Die Grenze gewinnt an Natürlichkeit.

Aus oben genannten Gründen nehmen daher die unter den Stichwörtern »Stabilbauweisen« und »Deckbauweisen« geschilderten Methoden für den Bereich der Hangsicherung den weitaus größeren Raum ein, während die »Lebendverbauung« an Gewässern nur den Charakter eines Hinweises hat. Ein Teil dieser Bauweisen, nämlich die der Entwässerung und die Deckbauweisen, lassen sich auch im ebenen Gelände sinnvoll anwenden.

Bauweisen

Die verschiedenen hier geschilderten Stabilbauweisen finden dort ihren Einsatz, wo mechanische Kräfte dem Boden Schaden zufügen können. Die erzielbare Wirkung durch den Einbau des Pflanzenmaterials steigt schon mit der Bildung erster Wurzeln erheblich an und steigert sich mit zunehmendem Alter. Stabilbauweisen, bei denen es sich um lineare oder punktförmige Systeme handelt, sollten im allgemeinen durch flächenwirksamere Deckbauweisen ergänzt werden.

Stabilbauweisen zur Hangfestlegung

Heckenlagen werden mit bewurzelten Pflanzen raschwüchsiger Arten herge-

stellt (wie Erlen oder Sanddorn). Eine kräftige Wurzelausbildung ist wichtig! Die Pflanzen werden in waagerechten Reihen nebeneinander liegend zu etwa zwei Drittel in den Hang eingegraben. Wegen der höheren Kosten ist dies nur auf günstigen Standorten zu empfehlen. Der Vorteil liegt dann darin, daß man gleich Gehölze der gewünschten Schlußgesellschaft einbringen kann. Günstig erscheint dieses Verfahren auf Sanden, Lehmen, nährstoffreichen Schottern und Löß, wo die Heckenlage nicht das Pionierstadium abgeben muß.

Buschlagen werden mit mindestens 1 m langen Ästen ausschlagfähiger Holzarten samt aller Nebenzweige hergestellt, die auf eigens dafür angelegten Terrassen dicht im spitzen Winkel übereinander gelegt (20 bis 30 Äste je laufenden Meter) und zu etwa vier Fünftel ihrer Länge angedeckt werden.

Man verwende möglichst viel geeignete, also standortgerechte Pflanzenarten verschiedener Altersstufen, um verschieden tiefe Wurzelhorizonte zu erhalten. Dadurch ergibt sich eine preiswerte und bewährte Methode bei rutschgefährdeten Lagen. Heckenlagen mit Buschlagen kombiniert haben den Vorteil, daß in einem Arbeitsgang die Pionier-Strauchvegetation mit der nächst höheren Laubwaldgesellschaft eingebracht werden kann.

Steckhölzer aus Weiden oder Pappeln bringt man als unverzweigte ein- oder mehrjährige Triebe mit 1 bis 5 cm Durchmesser und in Abhängigkeit vom Wassergehalt des Bodens mit 30 bis 60 cm Länge zu mindestens drei Viertel der Länge in den Boden ein. Etwa 5 Stück kommen auf einen Quadratmeter. Diese billige Methode eignet sich besonders für feuchte Hanglagen. Die stabilisierende und entwässernde Wirkung setzt jedoch erst mit der Bewurzelung ein.

Bauweisen zur Hangstützung

Die **Holzgrünschwelle** besteht aus im Winkel von etwa 10° geneigten, der Länge nach eingebrachten Rund- oder Kanthölzern von 10 bis 25 cm Durchmesser. Vor allem als punktförmige Sofortmaßnahme ist dieses Verfahren als die billigste Lösung zu empfehlen, sofern man genügend Holz in der Nähe beschaffen kann. Den besten Effekt erzielt eine doppelwandige Ausführung, in deren Zwischenraum (etwa 20 cm breit) mindestens 1 m lange Steckhölzer, etwa 15 Stück je Meter, eingebracht und gut verfüllt werden. Stamm- und Astabschnitte gefällter Bäume finden hier eine nützliche Verwendung. Das nicht imprägnierte Holz verrottet relativ rasch und wird dann durch die heranwachsenden Pflanzen ersetzt.

Stammpackungen sind wie zu einem Holzstapel aufgeschichtete Stämme und Äste von etwa 1 m Länge, die in Lagen mit Boden verfüllt werden. Die oberste Erdlage wird bepflanzt, oder der Stapel wird mit Steckhölzern (auch in den senkrechten Fugen) und eingelegten Ästen bewurzelungsfähiger Gehölze versehen. Die senkrechten Fugen lassen sich auch gut mit Moosen, Farnen und anderen Pflanzen begrünen.

»Rasenmauern« werden aus gestochenen Rasen- oder Wiesenplaggen hergestellt. Man schichtet die Plaggen übereinander, wobei man jede folgende Lage etwas gegenüber der darunterliegenden

zurückstuft. Wird dafür Rollrasen verwendet, handelt es sich um eine teure Methode. Sie ist daher nur dann zu empfehlen, wenn Rasenflächen, die zugunsten anderer Vegetation aufgelöst werden sollen, zur Verfügung stehen.

Bauweisen zur Entwässerung

Zur **flächigen Entwässerung** kleiner lokaler Naßstellen werden Pflanzenarten mit hohem Wasserverbrauch eingebracht. Man verwendet bewurzelte Pflanzen oder unbewurzelte Stecklinge. Auch eine Schilfsodenpflanzung und Saatmatten eignen sich. Sofern der hohe Wasservorrat auf Dauer gegeben ist, können sich auch auf flachen Hängen Pflanzengesellschaften wie zum Beispiel ein Schilfgürtel (Phragmitetum) zur Dauergesellschaft entwickeln.

Rasenrinnen werden in der natürlichen Fließrichtung des oberflächig ablaufenden Hangwassers angelegt, um Erosionsrinnen zu vermeiden. Gut durchwurzelte Rasen- und Schilfsoden oder Saatmatten werden ausgelegt und mit Pflöcken am Boden befestigt. Ihr Vorteil ist die Sofortwirkung, jedoch eignet sich das Verfahren nicht bei dauernder Wasserführung. Je nach Wasserführung entstehen Strukturveränderungen in der Rasengesellschaft. Tritt kein Oberflächenwasser mehr auf, findet ein allmählicher Übergang in Strauch- und Waldgesellschaften statt.

Eine **Faschinendränage** baut man aus bewurzelungsfähigen lebenden Ästen wässerpumpender Gehölze wie beispielsweise Weiden. Diese Äste bindet man als Faschine (Reisiggeflecht) mit einem Durchmesser von 20 bis 40 cm mit Draht zusammen, legt sie in ein ausgehobenes Grabenprofil ein und verfüllt sie so, daß die Äste bewurzeln und antreiben können. Die Faschinen werden mit langen Pflöcken befestigt. Eine wasserableitende Wirkung wird sofort erzielt. Sie wird später durch den Wasserentzug der Pflanzen zusätzlich ergänzt.

Die Dränage wird so angelegt, daß das Wasser den kürzesten Weg über den Hang nimmt.

Deckbauweisen

Sie sind überall dort angebracht, wo es auf einen sofortigen oberflächenwirksamen Schutz des Geländes ankommt. (Zum Beispiel als Schutz vor Wasser- oder Winderosion und Austrocknung.) Die wichtigsten Deckbauweisen sind Fertigrasen und Saaten.

Die **Fertigrasen** werden nach dem Prinzip der bereits beschriebenen Rasenrinnen vollflächig und fest anliegend auf einer dünnen Oberbodenschicht verlegt und falls erforderlich durch Pflöcke gesichert. Das Verfahren bietet den Vorteil der Sofortwirkung und den Nachteil der hohen Kosten. Verfügt man über eine Pflasterfläche oder ähnliches, kann man allerdings auf ausgelegter Folie seinen Fertigrasen selbst heranziehen und dabei standortgerechte Saaten verwenden.

Normalsaaten stellen für die in diesem Buch verfolgten Zwecke sicher die geeignetste Methode dar, sofern eine Sofortwirkung nicht eine Voraussetzung bildet. Rohböden sind vorher mit Oberboden anzudecken. Heutzutage bietet der Handel viele Saatmischungen an, aber spezielle Mischungen kann man sich auch selbst zusammenstellen, die man unter Umständen durch selbstgeerntete Samen aus der Umgebung ergänzt.

Auf Standorten, die eine Strauch- und Waldvegetation zum Ziel haben, kann eine **Gehölzsaat** zur Anwendung kommen. Dabei werden die Samen einzeln in kleine Löcher eingebracht oder flächig, gut durchmischt, eingearbeitet. Auch eine Rillensaat ist natürlich möglich. Das Saatgut sammelt man nach Möglichkeit in der Umgebung. Gegen zu schnelle Austrocknung des Bodens empfiehlt sich eine Mulchschicht zum Schutz der Saat. Bei richtiger Artenwahl stellt sich ohne zusätzliche Maßnahmen eine natürliche Vergesellschaftung ein.

Bauweisen zum Uferschutz

Hier will ich nur die Bauweisen nennen, mit denen man kleinere Uferschäden an fließenden Gewässern zu Leibe rückt, oder mit denen man Ufer sichern kann.

Beim **Palisadenbau** werden angespitzte Rundhölzer tief in den Boden geschlagen, falls erforderlich zum Schutz vor Ausspülung mit Dachpappe hinterlegt, mit Boden verfüllt und mit Faschinen hinterlegt. Das Ganze besetzt oder bepflanzt man mit Steckhölzern.

Röhrichtballen dienen nicht nur dem Uferschutz, sondern können auch auf offenen Flächen zwischen Steinschüttungen gepflanzt werden. Geeignet sind Schilf *(Phragmites communis)*, Rohrglanzgras *(Phalaris arundinacea)*, Rohrkolben *(Thypha latifolia)*, Teichbinse *(Schoenoplectus lacustris)* und Seggen *(Carex-*Arten). Die unterirdischen Teile festigen den Uferbereich, der Röhrichtgürtel selbst schützt das Ufer gegen Wellenschlag und Abspülung durch Strömungserosion.

Faschinenbau wird in Bereichen mit geringer Schwankung des Wasserspiegels eingesetzt. Die Faschinen aus ausschlagfähigen Weidenästen werden mit langen Pflöcken befestigt und schützen das Ufer sofort nach dem Verlegen. In Verbindung mit untergelegten Buschlagen sind sie besonders wirkungsvoll als dauerhafter vegetativer Uferschutz.

Mit **Astpackungen** aus 20 bis 30 cm dicken Astlagen, welche mit Pflöcken festgesetzt und mit Schotter und Steinen verdichtet werden, kann man Ufereinrisse auch bei großer Wassertiefe gut sanieren. Durch eine erhebliche Verminderung der Fließgeschwindigkeit wird ein rascher Verladungseffekt erzielt. Bei einer geringen Wassertiefe setzt man auf die oberste Lage ausschlagfähige Gehölze.

Lebensräume und Lebensgemeinschaften

Der gestaltete Garten zeigt doch ein hohes Maß an Naturnähe.

An dieser Stelle halte ich eine Rekapitulation des bereits Gesagten auch mit Blick auf die bestehenden Querverbindungen für wichtig. In den Kapiteln, welche die Naturelemente des Gartens beschreiben und sich mit den Fragen des Ökosystems beschäftigen, habe ich die Grundlagen für ein naturgemäßes Leben von Pflanze und Tier im Garten beschrieben. Der naturnahe Garten ist einer ständigen Veränderung unterworfen, welche auf den meisten unserer Böden (also nicht auf allen!) mit einer Pionier-Pflanzengesellschaft beginnt, um über verschiedene Phasen (zum Beispiel von der Wiesen- zur Buschgesellschaft bis hin zur Waldgesellschaft) zu einer Schlußgesellschaft geführt zu werden. Diesen Vorgang bezeichnen wir als Sukzession.

Nun liegt es in der Natur des Menschen, daß er für bestimmte Dinge Vorlieben entwickelt. Er möchte vielleicht gar keine Waldgesellschaft in seinem Garten, oder aber er will gerade diese. Da vielen Menschen mangelnde Geduld zu eigen ist, kann man von ihnen nicht erwarten, daß sie unter Umständen jahrzehntelang ihre Schlußgesellschaft heranwachsen sehen, so wie es dem naturnahen Garten am nächsten käme und uns eine Fülle unterschiedlichster Naturerlebnisse bescheren würde.

Wer das also nicht will, weil ihm daran gelegen ist, ganz bestimmten, selten gewordenen Tier- und Pflanzengemeinschaften Lebensraum zu bieten, oder weil er die landschaftliche Vielfalt durch die Anlage seines Gartens fördern will, der muß etwas tun für die Erhaltung eines bestimmten gewünschten Stadiums im Garten. Die Natur – und das mag nun tatsächlich angesichts des Themas eigenartig sein – muß bei einigen dieser Stadien in ihrer Entwicklung gebremst werden, was ich im Rahmen dieses Kapitels in Form von Pflegehinweisen abhandeln möchte. Sie erinnern sich vielleicht an das Beispiel der Lüneburger Heide, die künstliche Natur und zugleich eine unserer schönsten »Naturerscheinungen« ist. Die farbigen reichblühenden Wiesen gäbe es in den allermeisten Fällen ohne die regelmäßige Mahd durch den Menschen auch nicht.

So wird denn auch im naturnahen Garten dem menschlichen Wirken kein zwangsweises Ende gesetzt. Die folgenden Beispiele werden im Gegenteil zeigen, daß eine Menge Sinnvolles zu tun bleibt. Und noch ein Hinweis scheint mir wichtig: Sie sollten wissen, daß die von mir hier aufgezählten Lebensräume mit ihren Lebensgemeinschaften nur die wichtigsten prinzipiellen Möglichkeiten aufzeigen und die Natur eine unübersehbare Vielfalt an Varianten dieser »Themen« hervorbringt.

Von besonderer Bedeutung sind hierbei gerade die Übergangszonen von einem Lebensraum in den anderen, so zum Beispiel der Übergang von der Wiese in den Wald. Diese Übergangszonen sind immer besonders artenreich. An einem Beispiel aus dem Garten will ich die hervorragende Bedeutung solcher Übergänge und die Wechselwirkungen der benachbarten Lebensräume darstellen. Der Teich ist nicht nur Lebensraum für viele im Wasser lebende Tiere, sondern er bietet für eine ganze Reihe von Tierarten, die nicht ihr ganzes Leben im Wasser verbringen, die einzige Möglichkeit, sich fortzupflanzen. Die Larven von

Fröschen, Libellen oder Köcherfliegen sind beispielsweise nur im Wasser überlebensfähig.

Deshalb ist auch der Gartenbesitzer, der eine möglichst große Artenvielfalt in seinem naturhaften Garten haben möchte, gut beraten, möglichst viele solcher Übergangslinien zu schaffen oder zu erhalten. Dies läßt sich aber im allgemeinen nur dann erzielen, wenn der Garten über eine gewisse Größe verfügt, die er allerdings meist nur in ländlichen Bereichen erreicht. Dabei sollte man darüber nachdenken, wie sich die an den Gartenraum angrenzenden benachbarten Lebensräume mit in diese Überlegungen einbeziehen lassen.

Pionierstandorte

Von Natur aus entstehen Pionierstandorte durch Naturereignisse kleineren und größeren Ausmaßes, die der Mensch im letzten Fall als Naturkatastrophen bezeichnet. Immer wenn durch Erdrutsche, Wassereinwirkung oder ähnliches Geschehen ein von der Vegetation entblößter Boden zurückbleibt, haben wir es mit einem Pionierstandort zu tun. Vergleichbares bringt auch der Mensch zustande, der bei seiner Bautätigkeit in aller Regel ebenfalls solche von aller Vegetation entblößten Standorte hinterläßt.

Pflanzen, die sich auf solchen Fällen zuerst ansiedeln, bezeichnen wir als Pionierpflanzen. Pionierstandorte können völlig verschiedenen Charakter haben. Es kann sich um Schutt-, Kies-, Sand-, Lehm- oder um nicht mehr landwirtschaftlich oder gärtnerisch genutzte Flächen handeln. Die Schuttflora, auch als Ruderalflora bezeichnet, stellt sich auf schuttdurchsetzten Gartenböden ein, welche meist in den Bereichen von Terrassen- oder Hofbefestigungen zu finden sind. Ebenso werden aber Kieshaufen und Erdaufschüttungen besiedelt. Besonders, wenn solche Flächen gut besonnt sind, stellt sich eine farbenprächtige Kräuterflora ein, die von einer interessanten In-

sektenwelt bevölkert wird. Der natürlichen Besiedelung kann man nachhelfen, indem man in der Umgebung von gleichartigen Standorten wie verlassenen Gleisanlagen, Wegrändern oder Kiesgruben Samen der dort wachsenden Pflanzen beschafft und sie im Garten aussät (siehe Tabelle).

Sandhaufen, zum Beispiel von Kindern nicht mehr benutzte Sandkästen, eignen sich dazu, ganz bestimmten Insektenarten Unterschlupf zu bieten. Zu ihnen gehören bestimmte Käfer, Grab- und Wegwespen, Wildbienen und andere. Pionierpflanzengesellschaften sind im allgemeinen kurzfristige Übergangsgesellschaften. Daher muß also etwas getan werden, sofern man eine solche Lebensgemeinschaft im naturnahen Garten erhalten will. Die nährstoffreichen, ehemaligen Nutzflächen sollten regelmäßig umgebrochen werden. Die im Boden vorhandenen Ackerbegleitpflanzen wie Klatschmohn, Ampfer, Vogelknöterich, Ackervergißmeinnicht und viele andere werden ohne unser weiteres Zutun eine »bunte Gartenwelt« hervorbringen.

Auf den mageren Flächen darf vor allem nicht gedüngt werden! Die Entwicklung von Pionierstandorten geht recht langsam vonstatten, so daß der allmähliche Übergang in andere Pflanzengesellschaften Jahre dauert. Für den Erhalt genügt es unter Umständen schon, einzelne der sich ansiedelnden Gehölze, welche pflanzensoziologisch die nächste Stufe markieren, herauszunehmen. Die erwähnten im Sand lebenden Insekten können sich nur dann halten, wenn eine Verkrautung der Sandflächen unterbunden wird.

Schlaggesellschaften

Ein fast makabres Kapitel der Waldgeschichte sind inzwischen diejenigen Pflanzengesellschaften geworden, welche sich nach Kahlschlägen von Waldteilen, aber natürlich auch bei Windbruch oder nach Vernichtung von Waldflächen

Kräuter für trockene Standorte

Achillea millefolium	Gemeine Schafgarbe
Agrimonia eupatoria	Kleiner Odermennig
Buphtalmum salicifolium	Ochsenauge
Campanula eupatoria	Rundblatt-Glockenblume
Carlina acaulis	Silberdistel
Centaurea jacea	Wiesenflockenblume
Centaurea scabiosa	Skabiosenflockenblume
Chenopodium bonus-henricus	Guter Heinrich
Chrysanthemum leucanthemum	Wiesenmargerite
Cichorium intybus	Wegwarte
Coronilla varia	Kronwicke
Dianthus carthusianorum	Karthäusernelke
Dianthus deltoides	Heidennelke
Galium verum	Echtes Labkraut
Geranium sanguineum	Blutstorchschnabel
Hypericum perforatum	Johanniskraut
Linum perenne	Alpenlein
Lotus corniculatus	Hornklee
Lychnis viscaria	Pechnelke
Medicago-Arten	Schneckenklee
Onobrychis viciifolia	Esparsette
Ononis spinosa	Hauhechel
Papaver rhoeas	Klatschmohn
Prunella vulgaris	Braunelle
Saponaria ocymoides	Kleines Seifenkraut
Silene vulgaris	Leimkraut
Thymus serpyllum	Feldthymian
Verbascum phoeniceum	Königskerze

durch Feuer einstellen. Waren sie früher im eintönigen Forst oft die einzigen Lichtblicke – die Lichtungen, so finden wir sie heute im Zuge des Waldsterbens in ungeahnter Fülle im Bereich dahinsiechender Wälder. Auch die mit alten Bäumen waldartig bestandenen Gärten bleiben natürlich von diesem Sterben der Bäume nicht verschont und welch herrliche alte Baumbestände in Gärten habe ich innerhalb kürzester Zeit schon zugrunde gehen sehen. Nur wenn der Wald an das Grundstück angrenzt, stellen sich auf solchen frei von Bäumen und Gehölzen gewordenen Flächen, die vorzugsweise sonnig und trocken sein sollen, Glockenblumen, Johanniskraut, Baldrian, Walderdbeere und viele andere Pflanzen

ein, dazu ein buntes Treiben von Insekten und anderen kleinen Tieren.

Um dieses Stadium zu erhalten, braucht es wenig Pflege. Man muß lediglich dafür sorgen, daß diese Flächen nicht auf dem natürlichen Weg der Sukzession (hin zum Wald) in das Stadium der Verbuschung eintreten. Das heißt, daß von Zeit zu Zeit Gehölze zu entfernen sind, wobei natürlich die alten Baumstubben, falls noch vorhanden, stehen bleiben. Solche Flächen erfreuen dann vom zeitigen Frühjahr an über ein wochenlanges sommerliches Erblühen bis hinein in den Winter, da die Fruchtstände der Pflanzen, die natürlich nicht beseitigt werden, dann zusätzlich die Vogelarten anlocken, die sich von diesen Samen ernähren.

Rasen

Fast schon wie ein Schimpfwort klingt im Munde des »Naturschützers« das Wort Rasen, mit dem landläufig nur die künstlichen und durch regelmäßigen Schnitt kurz gehaltenen »Scherrasen« bezeichnet werden. Heute weiß fast jeder, daß der Unterhalt eines wirklichen Rasens mit sehr viel Aufwand verbunden ist und in der überwiegenden Zahl der Fälle gar nicht zu dem Erfolg führt, den der Gartenbesitzer anstrebt. Bodenverdichtungen, falsche Düngung usw. lassen diese Flächen oft nach allem anderen aussehen, nur nicht nach Rasen. Dabei gibt es eine ganze Reihe von durchaus sinnvollen Anwendungsmöglichkeiten für solche Rasenflächen, wobei ich als zwar nicht übermäßig, aber doch regelmäßig sporttreibender Mensch sogleich an den »Sportrasen« denke, der für die körperliche Betätigung den bei weitem angenehmsten Untergrund bietet.

Selbst so ein Rasen, der atmet, der noch ein Minimum an Bodenleben zuläßt, der verdunstet und Wasser speichert, ist ökologisch wertvoller einzuschätzen als Kunstrasen oder jede andere Art der Versiegelung, das liegt auf der Hand. Und doch bietet er der Fülle der natürlichen Lebenserscheinungen nicht das, was wir mit dem naturnahen Garten bezwecken wollen. Ein Rasen wie oben beschrieben, hat rein funktionalen, zweckdienlichen Charakter, was für ganz bestimmte Aktivitäten, die sich auf anderen Vegetationsformen nicht durchführen lassen, durchaus sinnvoll erscheint. Hier – und nur hier – hat er seine Existenzberechtigung und sollte daher auch auf solche Nutzungsbereiche beschränkt bleiben, denn an anderen Stellen verdrängt der Rasen unnötigerweise die naturgemäßen Entwicklungen.

Wenn nicht ausgesprochene Zuchtgräser die Mischung für einen Rasen darstellen und Pflege, Düngung, Bewässerung, Belüftung, Schnitthöhe und Schnittfolge nicht genauestens durchgeführt werden, entsprechen die Scherrasen in aller Regel weitestgehend den Grünlandbeständen, die der Vegetationskundler als Fettweiden bezeichnet. Dabei sind nur solche Arten noch vorhanden, die den permanenten Schnitt vertragen, also Kriechtriebe oder niedrige Rosetten ausbilden. Auf frischen, gut gedüngten Böden sind das zum Beispiel Spitzwegerich *(Plantago lanceolata)*, Weißklee *(Trifolium repens)* oder Lieschgras *(Phleum pratense)*, auf Sandböden neben anderen Hornklee *(Lotus corniculatus)* und in feuchteren Lagen Kuckuckslichtnelke *(Lychnis floscuculi)*.

Bei nachlassender Pflege verändern sich diese Rasen aber schnell. Will man also einen intensiv bearbeiteten Rasen umwandeln, braucht nur der Pflegerhythmus geändert zu werden, damit andere Pflanzen diesen Lebensraum erobern können. Als erstes wird auf Düngung und Bewässerung verzichtet. Dadurch läßt die Wüchsigkeit nach. Die Schnittfolge wird auf sieben- bis zehnmal im Jahr reduziert, wobei man auf die Blütezeit besonders auffälliger Arten Rücksicht nehmen sollte. Zum Beispiel mähen wir im Frühjahr erst nach der Blüte von Gänseblümchen *(Bellis perennis)*, Löwenzahn *(Taraxacum officinale)* oder Wiesenschaumkraut *(Cardamine pratensis)* und Wiesenglockenblume *(Centaurea jacea)*. Mit zunehmender Veränderung des Rasens nach einer solchen Behandlung kann im Laufe der Jahre die Schnitthäufigkeit noch weiter reduziert werden, was aber auch von der Nutzung solcher Flächen abhängt. Nach dem Schnitt eignen sich solche weiterentwickelten Rasen natürlich auch zum Liegen und Spielen, wobei es durchaus möglich ist, die häufig oder dauernd genutzten Flächen einfach nur etwas öfter zu schneiden.

Tritt- und Flutrasen

Demjenigen, der inzwischen den Weg der Naturbejahung beschritten hat, wird das Gänseblümchen oder der Wegerich nicht mehr als Schrecken der Rasenflächen erscheinen, sondern als Zeichen einer natürlichen Besiedlung des Bodens, die dem Standort gerecht wird. So entstehen im Rasen, der durch Begehung (zum Beispiel in Form von Trampelpfaden) einer ständigen Trittbelastung ausgesetzt ist, lückige Flächen, die sich sofort weiterentwickeln, wenn derartige mechanische Einwirkungen nachlassen. Sogenannte Trittrasengesellschaften stellen sich ein, die entsprechend den speziellen Bodenverhältnissen unterschiedliche Kennarten aufweisen. Bei besonders stark belasteten sonnigen, trockenen, nährstoffreichen und stark verdichteten Flächen finden wir strahlenlose Kamille *(Chamomilla suaveolens)*, Vogelknöterich *(Polygonum aviculare)* oder Einjährige Rispe *(Poa annua)*. Die weniger stark belasteten Flächen zeichnen sich durch Breitblättrigen Wegerich *(Plantago major)*, Weidelgras *(Lolium perenne)* oder Kriechenden Hahnenfuß *(Ranunculus repens)* aus und bevorzugen sonnige, frische und nährstoffreiche Böden. Auf anderen, beispielsweise auf kalkreichen Standorten können Wegwarte *(Cichorium intybus)*, auf sauren Sandböden der Herbstlöwenzahn *(Leontodon autumnalis)* an solchen Gesellschaften beteiligt sein. Dort, wo sich an verdichteten Stellen Niederschlagswasser sammelt und zeitweise oder länger stehenbleibt, entwickeln sich auf diesen wechselfeuchten Stellen die Flutrasen, in denen man das Pfennigkraut *(Lysimachia nummularia)* findet. Die hier beschriebenen Pflanzengesellschaften sind insgesamt lückig und artenarm, jedoch ihrem Standort angepaßt und im naturnahen Garten entwicklungsfähig. Zum Beispiel können sich Flutrasen mit der Zeit zu Kleinröhrichten, Seggen- oder Binsenbeständen weiterentwickeln.

Trockenrasen, Magerrasen

Sprechen wir vom Rasen, meinen wir meist den wöchentlich geschnittenen Ra-

sen. Doch gibt es auch eine ganz andere Art von Rasen, die Trockenrasen, welche auf sonnigen, trockenen, oft steinigen und nährstoffarmen Böden zu den am meisten gefährdeten Lebensräumen zählen. Deshalb ist ihre Anlage im naturnahen Garten oder ihr Erhalt unter Naturschutzaspekten von hervorragender Bedeutung. Sie werden fälschlicherweise als Wiesen bezeichnet, weil sie schon von weitem durch ihren Artenreichtum und ihre Blütenpracht auffallen. Auch

Oben: Der Trockenrasenstandort fällt durch seinen Artenreichtum und die intensiv gefärbten Blüten auf.

Unten: So sehen Gräser aus, wenn man sie in Ruhe wachsen läßt.

Nicht alle Wiesengesellschaften sind so artenreich wie diese.

Grillen, Heuschrecken, Spinnen, Bienen, Fliegen, Käfer und – optisch am auffallendsten – die Schmetterlinge, tragen zu einem bunten Treiben bei, das in anderen Lebensräumen seinesgleichen sucht. So sind diese trockenen, sonnigen und warmen Standorte natürlich auch Wohnorte von Eidechsen und Schlangen, die hier ein überreiches Nahrungsangebot finden, genauso wie einige Vogelarten oder Mäuse, die sich von den Samen der Pflanzen ernähren.

Wer also in seinem naturnahen Garten sonnige, warme und nährstoffarme Böden hat, dem bieten sich günstige Voraussetzungen für die Besiedelung mit Pflanzen der Trocken- beziehungsweise Magerrasengesellschaften. Voraussetzung hierfür ist wie bereits erwähnt, daß nicht gedüngt wird und ein- bis zweimal pro Jahr eine Mahd erfolgt, wobei darauf zu achten ist, daß sich alle Pflanzen aussamen können. Durch die Aussaat entsprechender Pflanzen, die sich für jeden Standort leicht mit Hilfe von Pflanzenbestimmungsbüchern herausfinden lassen, kann so eine Lebensgemeinschaft initiiert werden, die sich durch Samenanflug eigenständig weiterentwickeln wird.

sind sie abhängig von der Art der Bewirtschaftung. Sie vertragen nämlich keine Düngung und verlangen nach einer ein- bis zweimaligen Mahd im Jahr oder nach einer geringen Beweidung. Die Gefährdung der Trockenrasen liegt vor allem darin begründet, daß sie sich – wenig ertragreich und darüber hinaus meist an Hängen gelegen – nur unter erschwerten Bedingungen bewirtschaften lassen. Ebenso sind ihre sonnigen und trockenen Lagen oft begehrenswertes Bauland.

Diese Pflanzengesellschaften beherbergen eine ganze Anzahl seltener oder gar vom Aussterben bedrohter Pflanzenarten. So vielgestaltig die Standorte dieser Trocken- oder Magerrasen sind, so unterschiedlich sind auch ihre Artenzusammensetzungen. Pflanzen wie verschiedene Orchideenarten, Wiesensalbei *(Salvia pratensis)*, Büschelglockenblume *(Campanula glomerata)*, Sandthymian *(Thymus serpyllum)* oder die gewöhnliche Margerite *(Chrysanthemum leucanthemum)* sind wohl allen geläufige Arten.

Wer nun solche Trockenrasen schon einmal bewußt nicht nur mit den Augen, sondern auch mit Ohren und Nase wahrgenommen hat, der weiß, daß sie das sinnliche Empfinden mit ihren Düften, mit all den Farben und einem Gesumme und Gezirpe der vielseitigen Insektenfauna besonders ansprechen. Zikaden,

Wiesen

Pflanzengeografisch gesehen sind Wiesen Pflanzenformationen aus Gräsern, Kleearten und Kräutern, die ursprünglich vor allem in Flußauen und auf feuchten Waldlichtungen anzutreffen waren. Heute zeichnen sie sich dadurch aus, daß sie anders als Weiden durch Mahd genutzt werden. Im Gegensatz zu den beschriebenen Rasen-Gesellschaften fallen sie durch ihre jahreszeitliche Blühfolge auf, die im Frühjahr mit weißblühenden Pflanzen beginnt. Im Frühling herrscht Gelb, im Vorsommer Rot vor. Im Hochsommer nehmen die Wiesen erneut ein weißes Erscheinungsbild an. Für die Gegebenheiten der Siedlungsbereiche kann man die Wiesen generell in Glatthaferwiesen auf trockenen bis frischen Böden und Feuchtwiesen unterteilen. Die dem ein- bis dreimaligen Schnitt angepaßten Wiesengesellschaften, in denen viele Obergräser und Doldenblütler auftreten, reagieren empfindlich gegen Bodenverdichtung und ständige mechanische Belastung, zu der auch Tritt gehört. Dadurch scheiden sie für begeh- und bespielbare Gartenflächen aus.

Glatthaferwiesen

Die Artenzusammensetzung der Glatthaferwiesen variiert je nach Klimalage und Boden. Prinzipiell sind sie in Norddeutschland weniger farbenprächtig als in Süddeutschland. Im Norden dominieren Gräser, dabei sorgen in trockneren Lagen der Knollige Hahnenfuß *(Ranunculus bulbosus)* und Wilde Möhre *(Daucus carota)* für etwas Farbe, in feuchten Lagen die Kuckuckslichtnelke *(Lychnis floscuculi)*, Sumpfkratzdistel *(Cirsium palustre)* und andere. Ansonsten sind Margerite *(Chrysanthemum leucanthemum)*, Wiesenstorchenschnabel *(Geranium pratense)*, Wiesenpippau *(Crepis biennis)*, Wiesenkerbel *(Anthriscus cerefolium)*, Wiesenbärenklau *(Heracleum sphondylium)* und viele andere anzutreffen. Bei der Umwandlung von Rasenflächen in Wiesen, die man künftig nur noch drei- bis fünfmal im Jahr mäht, entstehen häufig zunächst einmal für längere Zeit wenig farbenfrohe Wiesentypen, in denen oftmals der Wiesenfuchsschwanz *(Alopecurus pratensis)* oder das Wollige Honiggras *(Holcus lanatus)* dominieren. Knaulgras *(Dactylis glomerata)*, Wiesenflockenblume *(Centaurea jacea)* oder Schafgarbe *(Achillea millefolium)* können allerdings im Sommer auffällige Erscheinungen in solchen Flächen sein.

Feuchtwiesen

Besonders wichtig für den Naturschutz sind Feuchtwiesen, da diese, um sie landwirtschaftlich nutzen zu können, durch Trockenlegung bedroht sind. Am bekanntesten ist sicher die Sumpfdotterblumen-Wiese mit Sumpfdotterblume *(Caltha palustris)*, Sumpfvergißmeinnicht *(Myosotis palustris)* und anderen. Feuchtwiesen leiten je nach Nährstoff- und Wasserversorgung zu den Glatthaferwiesen oder Röhrichten über. Werden die nährstoffreichen Wiesen nicht mehr gemäht, siedeln sich weitere farbenprächtige Hochstauden an. Hierzu zählen dann unter anderem Mädesüß *(Filipendula ulmaria)*, Gilbweiderich *(Lysimachia vulgaris)*, Blutweiderich *(Lythrum salicaria)* oder Arzneibaldrian *(Valeriana officinalis)*. Nicht unüblich ist es, daß in Gärten auch die Brennessel *(Urtica dioica* und *U. urens)* oder die Ackerkratzdistel *(Cirsium arvense)* hinzutreten. Feuchtwiesen sollten einmal im September gemäht werden. Bei starkem Aufkommen von Brennesseln können diese gezielt ausgemäht und das Schnittgut abgefahren werden.

Gehölzsaum

In der Regel leitet der Gehölzsaum zu Rasen- oder Wiesengesellschaften über. Die Tiere, die hier ihren Aufenthaltsort haben, sind genau auf diese Vielfalt der Vegetation angewiesen, denn viele von ihnen haben ihren Wohnort im Wald, im Gebüsch oder in der Feldhecke. Ihr Jagdrevier aber liegt in der Gras- und Krautschicht der Rasen- und Wiesen- und eben vor allem der Gehölzsaum-Gesellschaften, die unmittelbar an den »Wohnsitz« angrenzen. Die Beziehungen zwischen den Tieren untereinander und der vorhandenen Vegetation sind dabei naturgemäß sehr vielfältig und sozusagen systemgebunden. Einige Beispiele mögen dafür bezeichnend sein. Für viele Vogelarten zum Beispiel sind die Gehölze lebensnotwendige Brutplätze.

Dabei besiedelt die Dorngrasmücke nur niedrige Hecken, während die Mönchsgrasmücke hohe Hecken bis hin zu Baumhecken bevorzugt. Die Garten-

Gegenüberliegende Seite oben: Anlage von formierten Hecken.

Gegenüberliegende Seite unten: Die Margerite dominiert meist als Blütenaspekt.

Stauden des Gehölzsaumes	
Agrimonia eupatoria	Kleiner Odermennig
Anemone sylvestris	Großes Windröschen
Asperula tinctoria	Färbermeister
Campanula rapunculoides	Ackerglockenblume
Digitalis lutea	Kleinblütiger Fingerhut
Hypericum perforatum	Echtes Johanniskraut
Lathyrus latifolius	Breitblättrige Platterbse, Staudenwicke
Senecio erucifolius	Raukenblättriges Greiskraut
Veronica teucrium	Großer Ehrenpreis

Pflanzen, die nur zweimalige Mahd vertragen	
Anthoxanthum odoratum	Ruchgras
Aquilegia vulgaris	Gemeine Akelei
Galium mollugo	Wiesenlabkraut
Knautia arvensis	Ackerwitwenblume
Lychnis flos-cuculi	Kuckuckslichtnelke
Pimpinella saxifraga	Kleine Bibernelle
Poa nemoralis	Hainrispengras
Primula elatior	Große Schlüsselblume
Salvia pratensis	Wiesensalbei
Viola odorata	Duftveilchen

grasmücke wiederum hat sich alle Gehölzbereiche als Lebensraum erobert. Diese Vögel leben von kleinen Insekten, die sie zuhauf in den Saumgesellschaften antreffen. Von Bäumen oder Baumhekken als Stützpunkt geht die Eule auf Jagd in Wiesen und Feldern. Spitzmäuse entfernen sich bis zu 200 m von den schützenden Gehölzen, um zu jagen, und Ameisen und Laubkäfer bringen es immerhin auf 50 m Entfernung vom Gehölz bei ihren Raubzügen.

Das bedeutet für den Garten, daß zum Beispiel die Mahd der Wiesen nur so durchgeführt wird, daß es auch in der Krautschicht noch zu einem wirklichen Saum kommt. Das heißt, die Wiese wird nicht bis scharf an die Gehölze heran gemäht, sondern es verbleibt ein Abstand von etwa einem Meter in kleinen Gärten bis hin zu mehreren Metern in parkartigen Gärten, in denen sich all die Stauden

und Kräuter ansiedeln, die sich nicht der Mahd anpassen können (siehe Tabelle).

Hecke und Gebüsch

Hecke und Gebüsch erfüllen vielfältige Funktionen. Die wichtigsten sind Windschutz, Verhinderung von Erosion und Beschattung. Außerdem dienen Hecken und Gebüsch als Lebensraum für Tiere und Pflanzen. Diese Vegetationsbereiche setzen sich aus einer großen Zahl von Laubgehölzen zusammen, deren gemeinsame Merkmale Lichtbedürftigkeit, gutes Stockausschlagvermögen, häufig tiefe Beastung und im allgemeinen geringe Höhe sind. Im Inneren wachsen Lianen und Spreizklimmer, und die Krautflora stellt sich vornehmlich am Rand ein.

Dabei können im naturnahen Garten auch geschnittene Hecken einen wichtigen ökologischen Beitrag leisten, wenn für eine freiwachsende Hecke nicht genügend Raum vorhanden ist. Freiwachsende Hecken und Gebüsch sollten aus mehreren Pflanzenarten bestehen, die nicht nur einen höhenmäßig gestaffelten Aufbau mit sich bringen, sondern auch zu verschiedenen Jahreszeiten Blüten und damit Pollen und Nektar sowie Früchte und Samen aller Art hervorbringen, die den Tieren Nahrung bieten. Die Blätter geben vielen Insekten Nahrung, und so wird sich auch in der Hecke und im Gebüsch ein artenreiches Tierleben entwickeln. Daneben sind solche Standorte natürlich auch Zufluchtstätten, Ruheplätze und Nistplätze und geben oft überhaupt die letzte Deckung für Vögel und Kleinsäuger.

Welche Bedeutung Hecken und Gebüsch für die Wohnsituation der Menschen haben können, zeigt das Bild aus der Marschlandschaft Norddeutschlands. Als Wind- und Wetterschutz schonen die Gehölze nicht nur die Baumaterialien des Hauses, sondern sind auch eine Art Isolierung, die bei den häufigen Stürmen die Wärmeverluste an den Hausmauern verringern und damit energiesparend wirken. In Siedlungsbereichen sind solche Anpflanzungen nicht nur ein farbiger Sichtschutz, sondern bieten bis zu einem gewissen Grad auch Schutz vor Staub, Abgasen und Lärm, erst recht, wenn die Gehölze auf Erdwälle gepflanzt werden. Weiterhin tragen Gebüsche zur Bildung eines Mikroklimas bei, welches Extremtemperaturen mildert. Auch die ausgleichende Wirkung auf den Wasserhaushalt hat große Bedeutung.

Trockenmauer und Steine

Im Kapitel »Baumaterialien« habe ich verschiedene Bauweisen aus Natur- und Kunststeinen angesprochen. An dieser Stelle soll der Bau sowie die Bedeutung solcher Standorte für die Besiedelung von Pflanze und Tier hervorgehoben werden. Trockenmauern sind spezielle Lebens-

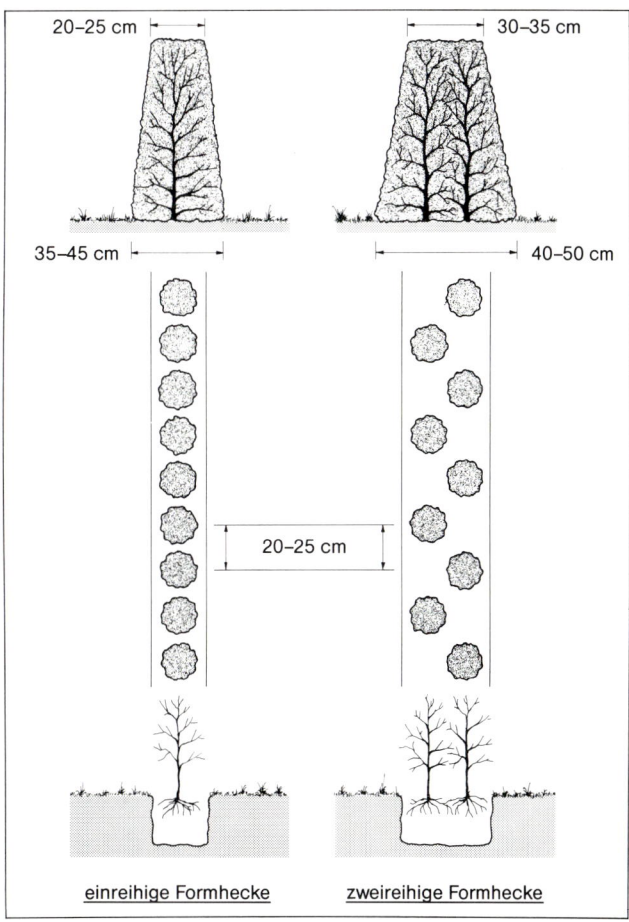

einreihige Formhecke   zweireihige Formhecke

Dreireihige und zweireihige Schutz- und Grenzpflanzung. Die Wahl der Pflanzenarten erfolgt nach dem jeweiligen Standort.

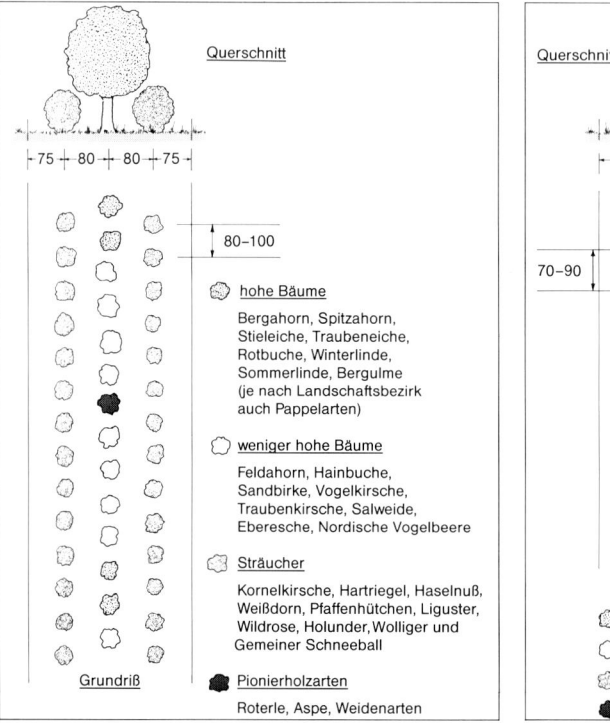

Querschnitt

⊢ 75 ⊢ 80 ⊢ 80 ⊢ 75 ⊣

80–100

🌳 hohe Bäume

Bergahorn, Spitzahorn, Stieleiche, Traubeneiche, Rotbuche, Winterlinde, Sommerlinde, Bergulme (je nach Landschaftsbezirk auch Pappelarten)

⊙ weniger hohe Bäume

Feldahorn, Hainbuche, Sandbirke, Vogelkirsche, Traubenkirsche, Salweide, Eberesche, Nordische Vogelbeere

🌿 Sträucher

Kornelkirsche, Hartriegel, Haselnuß, Weißdorn, Pfaffenhütchen, Liguster, Wildrose, Holunder, Wolliger und Gemeiner Schneeball

● Pionierholzarten

Roterle, Aspe, Weidenarten

Grundriß

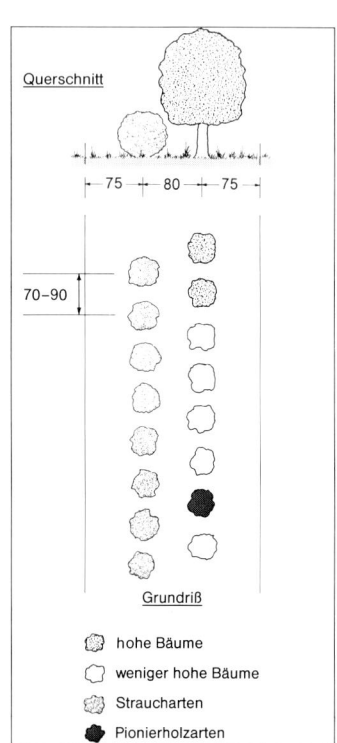

Querschnitt

⊢ 75 ⊢ 80 ⊢ 75 ⊣

70–90

Grundriß

🌳 hohe Bäume

⊙ weniger hohe Bäume

🌿 Straucharten

● Pionierholzarten

Freiwachsender Gehölzstreifen mit Staudenvorpflanzung. Die Gehölzbasis sollte bei dieser Art der Pflanzung mindestens 2 m betragen.

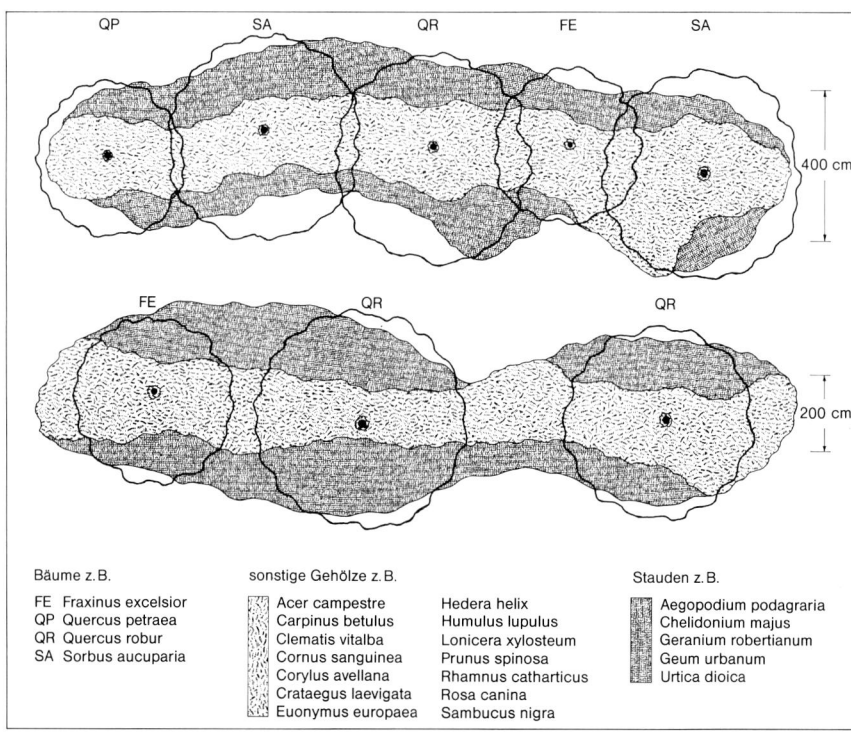

QP   SA   QR   FE   SA

400 cm

FE   QR   QR

200 cm

Bäume z.B.

FE Fraxinus excelsior
QP Quercus petraea
QR Quercus robur
SA Sorbus aucuparia

sonstige Gehölze z.B.

Acer campestre
Carpinus betulus
Clematis vitalba
Cornus sanguinea
Corylus avellana
Crataegus laevigata
Euonymus europaea

Hedera helix
Humulus lupulus
Lonicera xylosteum
Prunus spinosa
Rhamnus catharticus
Rosa canina
Sambucus nigra

Stauden z.B.

Aegopodium podagraria
Chelidonium majus
Geranium robertianum
Geum urbanum
Urtica dioica

räume. Sie bestehen aus lose, aber lagerhaft aufeinandergeschichteten Steinen, wobei die großen Steine unten zu liegen kommen. Auch eine solche Mauer ruht auf einem kleinen Fundament, das zum Beispiel aus Schotter zusammengesetzt ist.

Besonders wichtig ist es, daß solche Mauern eine Dossierung, also eine Neigung zum Hang hin, von mindestens 10 Prozent haben. Die Fugen werden mit Lehm oder anderen bindigen Böden gut gestopft und verstrichen. Es ist aber darauf zu achten, daß die Mauer auch ohne Verfugung steht! In die Fugen können Stecklinge, Samen oder ganze Pflanzen eingebracht werden. An Hängen, die Schichtenwasser führen, empfiehlt sich eine Hinterfüllung der Mauer mit Kies und eine Dränage am Fußpunkt der Mauer. Das Fugenbild einer solchen Trockenmauer hängt von der Art des Gesteins (quaderförmig, plattig, amorph) ab und zeigt daher einen landschaftstypischen Ausdruck. Alte Mauern in solcher Herstellungsart findet man als Anschauungsobjekte in der Umgebung.

In jeder Mauerritze, die durch Verwitterung neu entsteht, kann sich Humus ansammeln und die Lebensgrundlage für Pflanzen bilden. Diese »Lebenskünstler«, in Ökokreisen auch als Fugengrün bezeichnet, haben sich auf die meist gut belichteten und dadurch auch warmen Standorte eingestellt und so finden sich an trockenen Mauern beispielsweise Mauerpfeffer *(Sedum acre)* oder Zimbelkraut *(Cymbalaria muralis)* und verschiedene Gräser. Gehölze wie Birke oder Holunder sind ebenfalls anzutreffen, sollten aber mit Blick auf die Instandhaltung der Mauer aus den Fugen entfernt und bestenfalls am Fuße der Mauer geduldet werden.

Die feuchten, etwas schattigeren und kühleren Mauern bevorzugen Moose, Schöllkraut *(Chelidonium majus)*, Wurmfarn *(Dryopteris filix-mas)* oder Efeu *(Hedera helix)*. Die Fugen der Trockenmauern sind aber auch beliebter Aufenthaltsort einer Fülle von kleineren Tieren

wie Käfern, Bienen, Hummeln, Wespen, Asseln und Spinnen. Dort, wo die Wärme ausreicht, und die Umgebung das Zuwandern von Eidechsen und Salamandern zuläßt, werden sich diese bald einstellen. Ähnlich verhält es sich mit Felsen, Feldsteinen und sonstigen Bruchsteinen. Auch diese kann man zum Abfangen kleinerer Höhenunterschiede einsetzen. Dabei sollten zwischen den Steinen genügend Hohlräume bleiben, die sich von selbst mit Erde füllen, aber Mäusen, Erdkröten, Eidechsen und vielleicht sogar einem Wiesel Unterschlupf bieten. Grä-

Solche Pflanzungen schützen nicht nur Haus und Hof. Das Gehölz und der Gehölzsaum sind Aufenthaltsort und Jagdrevier vieler Tierarten.

Die Trockenmauer als Lebensraum. Moose und Flechten haben sich angesiedelt.

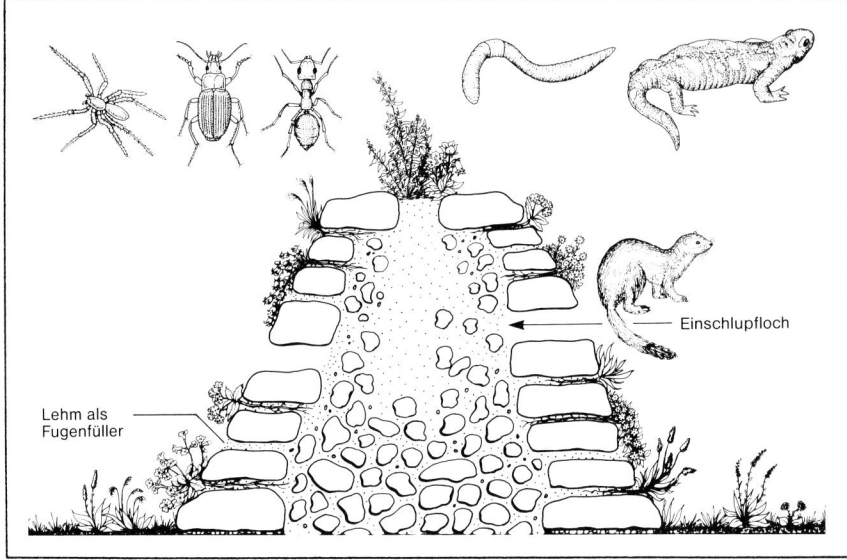

Die freistehende Trockenmauer dient den verschiedensten Tieren als Lebensraum. Die Pflanzenbesiedlung kann man der Natur überlassen (aus Lindner 1987).

Einschlupfloch

Lehm als Fugenfüller

ser, Stauden, Moose und Gehölze, die sich von selbst ansiedeln, machen solche Standorte zu idealen Lebensräumen, in denen man einige Überraschungen erleben kann.

Sand und Kies

Wer schon einmal eine Kiesgrube besucht hat, war sicher erstaunt darüber, was sich auf den schwach bewachsenen Kiesflächen für ein reges Leben abspielt. Derjenige, der in seinem Garten über Moränenböden oder Kiesflächen verfügt, kann eine Menge von wärmeliebenden Kleintieren in den Garten locken. Sandlaufkäfer, Sandwespen, Bienenarten, Spinnen, der Ameisenlöwe oder die wunderschönen blau- oder rotflügeligen Ödlandschrecken und verschiedene Schmetterlinge sind die Bewohner solcher Orte. Wer genügend Platz im Garten hat, um in sonniger Lage einen größeren Bereich in dieser Art zu reservieren, wird schon bald einige dieser Lebewesen zu Gesicht bekommen. Auch hier werden sich bei entsprechender Umgebung Eidechsen und vielleicht auch die Kreuzkröte einfinden. Natternkopf *(Echium vulgare)*, Thymian *(Thymus serpyllum)*,

Silbergras *(Corynephorus canescens)*, Mauerpfeffer *(Sedum acre)*, Ginster *(Genista germanica)* oder Nachtkerze *(Oenothera biennis)* sind typische Pflanzen auf Sanden und Kiesen. Um die spezielle Flora und Fauna eines trockenen Standortes zu erhalten, müssen allerdings genügend große und gut besonnte vegetationsfreie Flächen zur Verfügung stehen.

Wasser

Das Thema Wasser im naturnahen Garten könnte selbst ein Buch füllen und muß hier auf ein kleines Kapitel beschränkt bleiben. Mit den unterschiedlichsten Möglichkeiten hat jeder Gartenbesitzer die Chance, das Element Wasser in seinen Garten zu bringen. Grundsätzlich ist dabei nur zu beachten, daß jede Wasserstelle mindestens auf einer Seite über ein flaches Ufer verfügen muß, um Tieren, die hineinfallen, eine Rettungsmöglichkeit zu bieten. Denkbar sind zur Not auch »Ausstiegsleitern« unterschiedlicher Machart. Wer kleine Kinder hat, muß sich Gedanken machen über eine Absicherung der Gewässer; selbst Wassertonnen können schon eine Gefahr darstellen.

74

Wasserstellen

Die Vogeltränke benutzen die Vögel auch zum Baden. Eine flache Schale oder Ausmuldung von etwa 5 cm Tiefe in Holz oder in einem Stein reicht dafür bereits aus. Wer dabei die Vögel vor Katzen schützen will, kann die Tränke freistellen. Ich persönlich halte dies jedoch nicht für nötig, denn auch in der freien Natur sammelt sich das Wasser nicht nur dort, wo es den Tieren Schutz vor anschleichenden Feinden bietet.

Der Quellstein läßt sich gut in Verbindung mit wechselfeuchten Stellen einsetzen; die er durch sporadische Benetzung mit Wasser versorgt. Der Quellstein selbst ist ein durchbohrter Stein, in den die Wasserleitung eingeführt ist. Entweder läuft das Wasser seitlich an ihm herunter in ein Sammelbecken, und mit besonderem Aufwand wird es von hier durch eine Pumpe in einen Kreislauf gebracht. Oder aber, wie oben angedeutet, steht der Quellstein an der Böschung einer kleinen Senke, die sich bei minimalster Wassergabe im Laufe von Stunden mit Wasser anreichert und dieses einige Tage hält. Ist genügend Wasser eingelaufen, wird die Zufuhr gestoppt. Eine aufwendige Technik ist dafür nicht erforderlich. Diese wechselfeuchten Stellen bilden interessante Pflanzenstandorte.

Tümpel und Teich

Wer auf seinem Grundstück über einen hohen Grundwasserstand verfügt, hat die beste Gelegenheit, sich mit einfachen Mitteln einen kleinen Teich zu schaffen, indem er lediglich die vorgesehene Fläche einfach ausschachtet. Dabei sind allerdings unter Umständen verschiedene wasserrechtliche Bestimmungen zu beachten.

Fast genauso günstig stellt sich die Situation auf Grundstücken mit Lehm- oder Tonböden dar, die eine Dichtung entbehrlich machen. Egal ob man mit einer Lehm-, Ton- oder einer Foliendichtung arbeitet, immer sollte der Teich einen natürlichen Aufbau haben, der sich aus einer Uferzone, einer Flachwasserzone und einem tieferen Bereich von rund 80 bis 100 cm zusammensetzt (siehe Abbildung). Bei Gewässern, die eine künstliche Abdichtung erfordern, wird ein Teil des Aushubmaterials wieder als Bodenschicht in einer Stärke von etwa 5 bis 10 cm eingebaut, am Teichrand je nach Bepflanzung auch stärker. Es wird mög-

Wasserpflanzen

Röhrichtzone
Calla palustris	Sumpfkalla
Carex riparia	Ufersegge
Glyceria maxima	Wasserschwaden
Iris pseudacorus	Wasserschwertlilie, Gelbe Iris
Mentha aquatica	Bachminze, Wasserminze
Phalaris arundinacea	Schilfrohr, Rohrglanzgras
Typha latifolia	Breitblättriger Rohrkolben, Schilf

Schwimmpflanzen
Hydrocharis morsus-ranae	Froschbiß
Lemna minor	Kleine Wasserlinse
Nymphaea alba	Weiße Seerose
Polygonum amphibium	Wasserknöterich
Potamogeton natans	Schwimmendes Laichkraut

Unterwasserpflanzen
Callitriche palustris	Sumpfwasserstern
Hottonia palustris	Wasserfeder
Myriophyllum verticillatum	Quirlblättriges Tausendblatt
Potamogeton crispus	Krauses Leichkraut
Ranunculus aquatilis	Wasserhahnenfuß

Kräuter für feuchte Standorte

Anthemis tinctoria	Färberkamille
Anthyllis vulneraria	Wundklee
Armeria elongata	Grasnelke
Bellis perennis	Gänseblümchen
Campanula patula	Wiesenglockenblume
Carum carvi	Wiesenkümmel
Crepis biennis	Wiesenpippau
Daucus carota	Wilde Möhre
Eschscholzia californica	Goldmohn
Heracleum sphondylium	Bärenklau
Knautia arvensis	Witwenblume
Lamium maculatum	Taubnessel
Lychnis flos-cuculi	Kuckuckslichtnelke
Malva sylvestris	Wilde Malve, Algiermalve
Myosotis alpestris	Vergißmeinnicht
Plantago lanceolata	Spitzwegerich
Potentilla recta	Hohes Fingerkraut
Primula elatior	Große Schlüsselblume
Primus veris	Echte Schlüsselblume
Salvia officinalis	Wiesensalbei
Sanguisorba minor	Kleiner Wiesenknopf
Taraxacum officinale	Löwenzahn
Tragopogon pratensis	Wiesenbocksbart
Trifolium-Arten	Klee
Urtica dioica	Große Brennessel
Veronica chamaedrys	Gamanderehrenpreis

Schnitt

Uferzone   Tiefwasserzone   Sumpfzone Feucht-
                                            zone

> 50 cm

Sand

Amphibienversteck

eventuell
Gitternetz

sandig-lehmige
nährstoffreiche
Pflanzerde

Teichfolie

lichst kein humushaltiges Material verwendet, da der nährstoffreiche Humus
das Algenwachstum fördert.

Auch bei einem Gewässer kommt dem
Übergang von einem Lebensraum zum
anderen, also von Wasser zum Land,
ganz besondere Bedeutung zu. Diese
Zone zeichnet sich wiederum durch Artenvielfalt aus. Aus diesem Grunde ist
der Gestaltung der Uferbereiche auch besondere Aufmerksamkeit zu schenken.
Steinschüttungen und Findlinge bereichern das Bild nicht nur optisch, sondern
sind beliebte Aufenthaltsorte für Insekten und Frösche. Ebenso stellt ein im
Wasser liegender Holzast oder Stammab-
schnitt einen zusätzlichen Lebensraum
für im Wasser lebende holzbewohnende
Organismen dar.

Es versteht sich, daß ein Teich an der
tiefsten Stelle des Gartens seinen Platz
finden muß. Hier kann auch das über-
schüssige Wasser aus dem Garten zu-
sammenfließen. Ob das Gewässer in der
Sonne oder im Schatten liegt, ist im
Grunde unerheblich, jedoch wird über
die Erwärmung eines solchen Teiches,
die ja auch von der Größe und Tiefe abhängt, eine entsprechende Besiedelung
mit vorgezeichnet.

Das Wasser für solche Anlagen nimmt
man in Siedlungsbereichen am besten
aus der Wasserleitung, es sei denn, daß
genügend Niederschläge und abfließen-
des Wasser aus dem Garten den Teich auf

natürliche Weise füllen. Von Dächern ab-
geleitetes Wasser hat sehr oft ungünstige
Eigenschaften, da durch Ölheizungen
dort ein Ölfilm abgelagert ist, der dann in
den Teich abgespült wird. Welche einheimischen Wasserpflanzen sich für die Bepflanzung eignen, ist in den Tabellen ge-
trennt nach Standort angegeben. Man
muß jedoch darauf achten, nicht zu viele
Pflanzen einzusetzen, denn innerhalb
kürzester Zeit kann eine Wasserfläche
zuwachsen. Will man eine offene Wasserfläche erhalten, wird man wohl in den
meisten Fällen von Zeit zu Zeit den Teich
etwas freimachen müssen.

Die Besiedelung mit Tieren erfolgt
ohne unser Zutun. Das Fangen von Am-

Ein neu angelegter
Teich kann bereits
im ersten Jahr über
so eine üppige Vege-
tation verfügen.

Holz als Baumaterial für den Zaun erfüllt auch andere wichtige Funktionen im Naturkreislauf, zum Beispiel als »Brutstätte« vieler Insektenarten.

phibien ist laut Naturschutzgesetz ohnehin untersagt (Rote Listen!) und würde dem Anspruch einer natürlichen Entwicklung auch gar nicht gerecht werden. In ländlichen Bereichen stellen sich Kröten und Frösche von selbst ein und sogar in Städten wird zum Beispiel Froschlaich durch Wasservögel in Gewässer hinein getragen. An Nahrung wird es dann nicht mangeln, denn Libellenlarven, Wasserkäfer und anderes Getier haben sich dann schon längst eingefunden. Hat man die Möglichkeit, einen Zulauf und einen Ablauf anzulegen, so werden sich allein wegen der fließenden Wasserbewegung, und sei sie auch nur gering, bereits wieder andere Pflanzen und Tiere ansiedeln.

Holz

Ein besonderes Kapitel stellt der Lebensraum Holz dar, weil man in ihm nicht unbedingt etwas Wertvolles für den Na-

turkreislauf und die Artenerhaltung vermutet. Eher ist dieses Kapitel den Hausbesitzern ein Greuel, die sich mit Holzbock und ähnlichem im Dachstuhl herumplagen müssen.

Aber im naturnahen Garten trägt Holz, und diesmal ist nicht nur der lebendige Baum gemeint, sondern der Stubben, der Holzlattenzaun, liegengebliebene Stämme usw., dazu bei, eine noch reichhaltigere Flora und Fauna anzusiedeln. Alte und tote Bäume sind ideale Heimstätten für Höhlenbrüter aller Art (Vögel, Fledermäuse, Insekten). In Baumstämmen, vor allem von Nadelhölzern, entwickeln sich unsere prächtigen Holzwespen und mit ihnen die ebenso schönen wie interessanten Schlupfwespen, von denen einige auch die Holzwespen parasitieren. Einer unserer prächtigsten Käfer, der Hirschkäfer, benötigt mindestens 5 Jahre zu seiner Entwicklung, die er hauptsächlich in alten Eichenstümpfen, aber auch in Buchen und Ulmen durchlebt. Der Mulmbock, einer unserer größten Bockkäfer, entwickelt sich in Nadelholzstümpfen. Aber auch die Holzbiene, die bei uns nur in Süddeutschland anzutreffen ist, zieht ihren Nachwuchs im Holz heran und wer einmal Holzpfosten, die nicht mit Holzschutz oder Farbe behandelt sind, betrachtet, wird staunen, wie viele Fraß- und Brutgänge der unterschiedlichsten Insektenarten darin zu finden sind. An einem einzigen Zaunpfosten kann man ganze Lebensgemeinschaften entdecken, zu denen die unermüdlich auf- und ablaufenden Jagdspinnen ebenso gehören wie der auf dem Pfosten thronende Vogel, der sich seine Beute aus den Höhlungen pickt, oder sie beim Anflug auf das Schlupfloch« fängt.

Viele Pilze, von denen eine ganze Reihe sogar eßbar ist, siedeln sich auf alten Stümpfen und sonstigem fauligen Holz an, so zum Beispiel der Beringte Schleimrübling *(Oudemansiella mucida)*, Hallimasch *(Armillaria mellea)* und Eiskoralle *(Hericium coralloides)* auf Buchen, oder Gallertzahn *(Pseudohydnum gelatinosum)* auf Nadelholz.

Tiere im Garten

Zu einem naturnahen Garten tragen nicht nur Pflanzen bei. Was wäre eine herrlich in allen Farben blühende Wiese ohne das Summen, Zirpen und Brummen der Insekten, was wäre Feld und Wald ohne den Gesang der Vögel?

Wohl die meisten Menschen wollen nicht ganz losgelöst leben von Tieren. Die Hinwendung zu sogenannten Haustieren gibt dafür einen sichtbaren Beweis. Hunde, Katzen, Goldhamster, Meerschweinchen, Wellensittiche, Papageien, Fische und sogar Reptilien werden besonders dort mit Vorrang gehalten, wo eine natürliche Fauna fehlt oder zurückgedrängt ist, wie beispielsweise in Städten.

Natürliche Ansiedlung

Welche Tiere sich nun auf natürlichem Weg im Garten einstellen, hängt zunächst einmal davon ab, wo sich der Garten befindet. Grenzt ein Garten an die umgebende Landschaft, so kann man gewiß sein, daß die dort lebenden Tiere sich als neugierige Besucher im Garten einfinden. Bietet jedoch der Garten keinen Unterschlupf und keine Nahrung, dann bleiben diese Besuche kurze, oft einmalige Unternehmungen. Finden sich im Garten aber geeignete Lebensräume, Unterschlupf oder Nahrung, so ist eine Ansiedlung von Tieren, die nur kleine, begrenzte Reviere bevorzugen, sicher. Die anderen Tierarten mit größerem Aktionsradius werden unter solchen vorteilhaften Bedingungen zu regelmäßigen Gästen werden.

Nun verhält es sich bei den Tieren nicht anders als bei den Pflanzen. Eine Tierart bedingt eine andere und wenn der Gartenraum für eine oder mehrere ganz bestimmte Tierarten einen Lebensraum abgibt, dann stellen sich sofort Tiere ein, die entweder in diesen Tierarten eine Nahrungsquelle haben oder sich mit ihnen auf andere Art vergesellschaften. Dabei lassen sich im Garten die unterschiedlichsten Beobachtungen machen – gleich ob es sich um Insektenstaaten handelt, die sich ansiedeln, oder ob der Gartenraum als Schlaf-, Fraß-, Brut- oder Überwinterungsplatz genutzt wird.

Wenn der Garten nämlich mehrere oder gar alle der genannten Funktionen erfüllt, wird die eintretende Vergesellschaftung der Tiere und Pflanzen untereinander zur Verbesserung und zum Schutz der Lebensbedingungen der einzelnen Individuen beitragen. Und damit ist ein wichtiger Beitrag zur Artenerhaltung geleistet, der angesichts der Vielzahl potentieller naturnaher Gärten gar nicht hoch genug einzuschätzen ist.

Die Vielfalt an Tieren, die sich in so einem Garten einstellen kann, ist beträchtlich. Aus dem Reich der Tiere sind es vor allem verschiedene Säugetiere, Vögel, Kriechtiere (zum Beispiel Schlangen), Lurche (zum Beispiel Frösche), Fische, Insekten, Tausendfüßler, Spinnen und Schnecken.

Jedoch sollte kein Naturfreund zu ungeduldig sein, was die Geschwindigkeit der Besiedelung eines Gartens mit wildlebenden Tieren angeht. Abwarten lautet hier die Devise. Der naturnahe Garten muß sich selbst erst einmal stabilisieren und entwickeln. Ein vollkommen neu angelegter Garten nimmt in der Regel

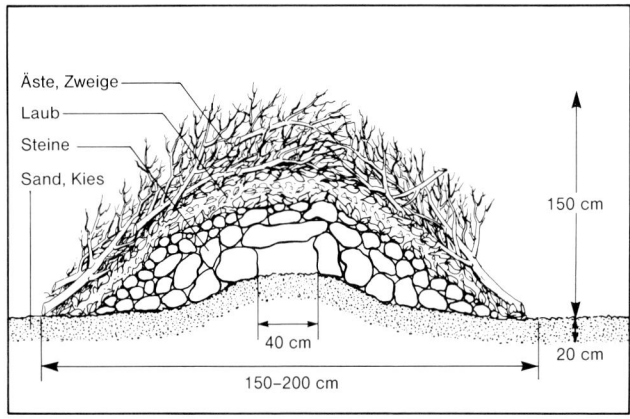

Äste, Zweige
Laub
Steine
Sand, Kies

150 cm

40 cm

150–200 cm

20 cm

erst im dritten Jahr eine Gestalt an, die etwas von dem ahnen läßt, was man sich vorstellt. Büsche wachsen zusammen, bieten damit Schutz und Unterschlupf, der Fruchtansatz ist nun schon ausgeprägter und damit liegt ein größeres Nahrungsangebot vor. Wichtig erscheint es, daß den Durchzüglern und Gästen auch Öffnungen an den Gartengrenzen zur Verfügung stehen, damit sie überhaupt in den Gartenraum gelangen können. Falsch wäre es, sogenannte Wunschtiere im Garten auszusetzen, sie vielleicht sogar zu diesem Zweck in freier Wildbahn zu fangen. So eine Handlungsweise liefe dem, was durch den naturnahen Garten bezweckt werden soll, nämlich einen Beitrag zur natürlichen ökologischen Entwicklung zu leisten, vollkommen entgegen.

Biologische Schädlingsbekämpfung

In diesem Kapitel unternehme ich nun den Versuch, im Zusammenhang mit der »biologischen Schädlingsbekämpfung« wenigstens einige einzelne Tierarten, Familien oder Klassen etwas näher zu beschreiben und einige Hinweise zu geben, welche Voraussetzungen zur Ansiedlung gegeben sein müssen.

Jeder, der das Buch von vorne an gelesen hat, ist jetzt bestens gerüstet, was die Einschätzung des Begriffes »Schädling« betrifft. Die fette Raupe am Kohl mag für uns ein Schädling sein, für den Vogel ist sie ein Leckerbissen. Da aber in jedem Garten, erst recht in solchen, von denen wir einen Nutzen in Form von Nahrungserwerb erwarten, ein Übermaß an »Schädlingen« auftreten kann, soll hierzu etwas geschrieben sein. Zunächst einmal gibt es eine ganze Reihe natürlicher Schädlingsbekämpfer. Diesen sollte man, so lange es für den Gartenbesitzer erträglich ist, die Arbeit überlassen. Nur muß man die »Hilfskräfte« hegen und pflegen.

Insekten

Die Laufkäfer leben vorwiegend von kleinen Schnecken, Würmern und anderen Insekten. Da sie vor allem in der Nacht auf Beutefang gehen, beanspruchen sie tagsüber natürlich ein Versteck. Laub, Reisig, vor allem aber Steine sind dafür ideal. Daß die Marienkäfer von Blattläusen leben, dürfte sich inzwischen herumgesprochen haben. Sie können sich durch eine schnelle Entwicklung dem Schädlingsbefall gut anpassen. Schlupfwespen legen ihre Eier mit Hilfe eines Legebohrers an oder in die Larven oder Eier anderer Insekten. Die Larve der Schlupfwespe ernährt sich vom Wirt, was schließlich zu dessen Absterben führt. Auf diese Weise tragen Schlupfwespen dazu bei, Fliegenmaden, Raupen, Käferlarven, Läuse und andere zu dezimieren. Die Grünen Florfliegen und ihre Larven sind typische Blattlausvertilger.

Ein weiteres interessantes Insekt ist in dieser Beziehung die Schwebfliege, die oft mit der Wespe verwechselt wird und in Wirklichkeit völlig harmlos ist. Der feine Unterschied besteht in der Anzahl der Flügel. Zwei Flügel zeichnen die Schwebfliegen aus (deshalb gilt für alle Fliegen der Begriff Zweiflügler). Die Wespen dagegen haben vier Flügel, was dem forschenden Kinderauge nicht verborgen bleibt. Und wenn der etwas ältere Freund behauptet, die mit den zwei Flü-

Tiere im Garten

Säugetiere
Igel, Gartenschläfer, Haselmaus, Mauswiesel, Fledermaus, Eichhörnchen, Kaninchen.

Vögel
Fink, Star, Gartenrotschwanz, Hausrotschwanz, Rotkehlchen, Meisen, Stieglitz, Kleiber, Dompfaff, Zaunkönig, Buchfink, Grünfink, Haussperling, Gartengrasmücke, Specht, Amsel, Drossel.

Kriechtiere
Eidechsen, Blindschleiche

Lurche
Teichfrosch, Grasfrosch, Erdkröte, Lurch, Salamander, Teichmolch

Fische
Stichlinge, Elritze, Moderlieschen

Insekten
Käfer, Schmetterlinge, Hautflügler, Ameisen, Wespen, Bienen, Fliegen, Schnaken, Bremsen, Libellen, Heuschrecken, Grillen, Wanzen, Blattläuse, Zikaden, Tausendfüßler

Spinnentiere
Spinnen, Weberknecht, Milbe

Schnecken

---

geln, die immer in der Luft stehen, die stechen nicht, und der erste eigene Fang tatsächlich ohne Stiche überstanden ist, dann weiß man es eben auch.

Auch die Larven der Schwebfliegen ernähren sich von Blattläusen. Aber schon die Larven der Schwebfliegen haben einen ernsthaften Gegenspieler, die Ameisen. Ameisen profitieren von den Absonderungen der Blattläuse und versuchen, die Blattlauskolonien vor den Schwebfliegenlarven zu schützen.

Bei der Raubfliege ist es das fertige Insekt, welches sich von kleinen Faltern, Fliegen und anderen Insekten ernährt. Die Raubwanzen haben Larven (»Raupen«) und – weil es so viele davon gibt – auch Blattläuse auf dem Speisezettel. Und selbst der von so vielen Gartenbesitzern zu unrecht ungeliebte Ohrwurm geht nachts auf die Jagd nach Blatt- und Schildläusen, Fliegen und Erdflöhen. Wenn man hier noch einmal die im Bereich der Ökologie unsinnigen Begriffe »Schädling« und »Nützling« bemühen will, muß der Ohrwurm eher als ein »Nützling« bezeichnet werden, obwohl er auch junge Pflanzen anknabbert. Wespen, wenn sie gehäuft auftreten, können einem schon den Spaß am Aufenthalt im Garten oder auf der Terrasse nehmen, zumal wenn Kinder im Begriff sind, Süßigkeiten zu vernaschen. Vergessen sollte man dennoch nicht, daß auch Wespen vorwiegend Insekten zur Brutaufzucht verfüttern. Und von Obst und Terrasse kann man sie weglocken, wenn man ihnen Ersatznahrung anbietet, wie zum Beispiel Säfte, die man an entfernter Stelle deponiert.

Spinnen

Viele Menschen mögen Spinnen nicht. Dies kann man nicht durch gute Worte und noch so bezaubernde Beschreibungen dieser Tiere beseitigen. Auch ich ma-

Links: So manche
Schwebfliege wird
leicht mit einer
Wespe verwechselt.

Rechts: Spinnen
sind emsige
Vertilger von
Insekten und
siedeln sich fast
überall an.

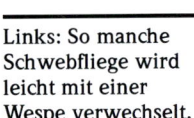

che keinen Hehl daraus, daß mir die
Spinne an der Wand bedeutend lieber ist
als die auf dem Hemd. Aber diese Neigung ist natürlich kein Grund, Spinnen
einfach zu töten. Auch sie sind wichtige
Vertilger von Insekten. Und noch was:
Spinnen sind keine Insekten!

Säugetiere

Wer in seinem Garten Platz hat für Laub
und Reisighaufen, der kann damit rech-
nen, daß sich **Igel** einfinden. Auch Igel
fressen unter anderem Insekten, jagen
aber ebenso Mäuse. Das Jagdrevier eines
Igels erschöpft sich naturgemäß nicht
in der Größe eines Reihenhausgartens
und so ist es wichtig, daß den Igeln frei
zugängliche Ein- und Ausgänge zur Verfügung stehen, wenn man diese Tiere
auch im eigenen Garten beobachten
möchte.

Fledermäuse sind die einzigen zum
Fliegen befähigten Säugetiere. Wo es Fledermäuse noch gibt, kann man sie bereits

Seite 83 unten:
Hohle Bäume sind
nicht nur für Vögel
Brut- und Schlaf-
plätze. Hummeln,
Fledermäuse und
viele andere Tiere
nutzen sie ebenfalls.

Bienenweidengehölze	
Acer campestre	Feldahorn
Alnus glutinosa	Schwarzerle
Cornus mas	Kornelkirsche
Corylus avellana	Hasel
Cytisus scoparius	Ginster
Fraxinus excelsior	Esche
Ligustrum vulgare	Rainweide
Lonicera xylosteum	Heckenkirsche
Pinus sylvestris	Gemeine Kiefer
Populus alba	Weißpappel
Prunus avium	Vogelkirsche
Prunus padus	Traubenkirsche
Rubus fruticosus	Gemeine Brombeere
Salix caprea	Salweide
Sorbus aucuparia	Vogelbeere, Eberesche
Tilia cordata	Winterlinde
Viburnum opulus	Gemeiner Schneeball

in der Dämmerung auf Jagd nach Beute fliegen sehen. Es gibt sogar Arten, die man am Tage antreffen kann. Fledermäuse sind Nahrungsspezialisten. Die bei uns heimischen Arten sind ausschließlich Insektenfresser. Viele Arten kann man in Ortschaften, selbst in großen Städten finden. Einige Arten besuchen Gärten, Alleen und Straßen, andere jagen in Wäldern und Parks und noch andere über offenen Gewässern.

Durch Insektizide, welche die Nahrung der Fledermäuse vergiften, und durch Mangel an geeigneten Quartieren – zu denen auch hohle Bäume zählen – sind alle Arten heute bedroht und von Rechts wegen streng geschützt. Die stark gefährdeten Fledermäuse kann man unterstützen, indem man ihnen künstliche Höhlen als Ruhe- und Überwinterungsplätze schafft. Besser noch wäre es aber, ihnen einen bevorzugten Platz im Gebälk des Dachstuhles zukommen zu lassen, natürlich ohne ihn vorher mit giftigen Imprägniermitteln zu behandeln. Und denken Sie daran – Vampire und Dracula gibt es nur im Film. Die kleine Fledermaus in Ihrem Garten aber ist ein wichtiger Helfer bei der Eindämmung von Gartenschädlingen!

Spitzmäuse haben hohen Nahrungsbedarf. Als Insektenfresser machen sie sich daher im Garten »nützlich«, sofern sie über geeignete Verstecke verfügen. Dich-

tes Gebüsch, Steine oder Reisighaufen eignen sich dafür. Von anderen Mäusen lassen sie sich leicht durch die spitze Nase unterscheiden.

Schuppenkriechtiere

Die wechselwarmen, flinken **Eidechsen** haben ein ausgesprochenes Revierverhalten. Vorwiegend Insekten, Schnecken und Würmer stehen auf ihrem Speisezettel. Von den heimischen Eidechsen ist die Zauneidechse am weitesten verbreitet, und bevorzugt trockene, sonnige und mit niederen Büschen bestandene Gebiete, die zudem noch reichlich Unter-

Links: Das Landkärtchen sehen wir hier im Frühlingskleid. Die Sommerform ist schwarzbraun. Die Larven leben von der Brennessel.

Rechts: Die Blindschleiche lebt im Gebüsch. Sie ist selten geworden.

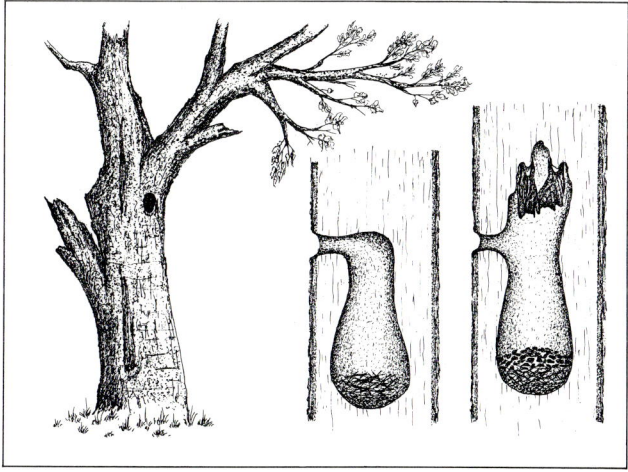

Vogelschutz- und Vogelnährgehölze	
Alnus-Arten	Erlen
Amelanchier lamarckii	Felsenbirne
Berberis vulgaris	Berberitze, Sauerdorn
Cornus sanguinea	Roter Hartriegel
Crataegus monogyna	Weißdorn
Hippophae rhamnoides	Sanddorn
Ligustrum vulgare	Rainweide
Lonicera periclymenum	Waldgeißblatt
Parthenocissus tricuspidata	Wilder Wein
Prunus spinosa	Schlehe
Ribes alpinum	Alpenjohannisbeere
Rubus fruticosus	Gemeine Brombeere
Sambucus nigra	Schwarzer Holunder
Sorbus aria	Mehlbeere
Taxus baccata	Eibe

Nisthilfen

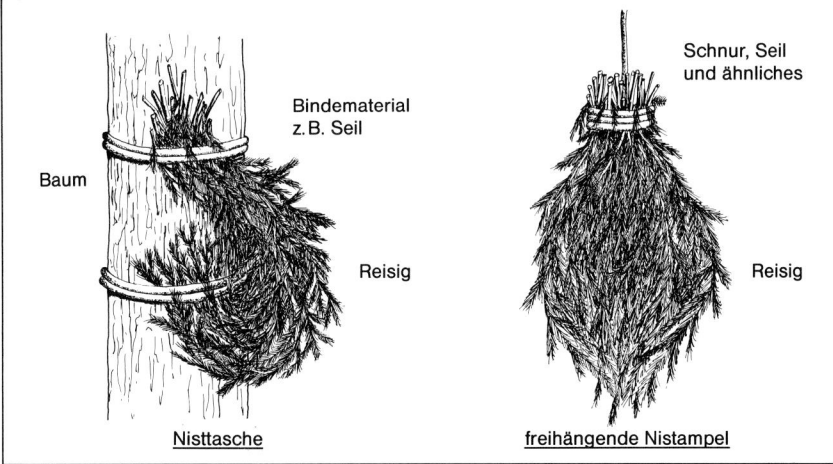

Nisttasche · freihängende Nistampel

schlupf bieten müssen. Die Mauereidechse benötigt dagegen viel Wärme, daher kommt sie hierzulande hauptsächlich im Süden und Südwesten vor. Die seltene Smaragdeidechse finden wir eigentlich nur im Rheintal, wobei sie inselartig auch in anderen Gebieten Deutschlands anzutreffen ist.

In vielen Gärten, die nahe zu Wald und Wiese liegen, findet sich die **Blindschleiche** ein, welche hier den Nacktschnecken, Würmern und Raupen nachstellt. Aber auch die Blindschleiche ist schon selten geworden.

Seite 85 unten:
Einer unserer schönsten Bockkäfer ist der Alpenbock. Er lebt überwiegend auf Buchen.

Lurche

Zur Klasse der Lurche (Amphibien) zählen neben den verschiedenen Lurcharten auch Frösche und Kröten. Sie bewohnen einen feuchten Lebensraum, der ihre Haut stets feucht hält. Laichgewässer sind für die meisten dieser Tiere vonnöten, und so werden sie sich ohne ein ausreichendes Wasser im Garten nicht ansiedeln. Haben diese Gartenbewohner sich jedoch erst einmal eingestellt, dann beteiligten sie sich am »Kampf« gegen Schnecken, Fliegen, Mücken genauso wie alle anderen Insektenvertilger.

Vögel

Sicher braucht man an dieser Stelle über die vielleicht beliebtesten Gartenbesucher gar nicht so viel zu sagen. Ob Meisen, Sperlinge, der Stieglitz, Dompfaff oder Buchfink, alle tragen dazu bei, daß im Garten die Zahl der Insekten nicht überhand nimmt. Dies geschieht in ganz besonderem Maße während der Zeit der Aufzucht der Jungen.

Bäume, Hecken, die möglichst dicht sind, oder künstliche Nistmöglichkeiten tragen dazu bei, daß sich Vögel gerne im Garten aufhalten. Dabei ist den speziellen Bedürfnissen der einzelnen Arten Rechnung zu tragen, wenn man verschiedene Vogelarten im Garten beim Brüten beobachten möchte. Es gibt Höhlenbrüter (Kohl- und Blaumeise), Halbhöhlenbrüter, die ihr Nest nicht gänzlich im Freien bauen (Hausrotschwanz) und Freibrüter (Nachtigall, Amsel), die Gebüsche, Hecken und andere geeignete Stellen zum Nestbau aufsuchen. Rotkehlchen und Fitis sind Bodenbrüter. Sie bauen ihr Nest im Moospolster, Fallaub oder in niedriger Krautschicht. Der Zaunkönig baut sein kugelrundes Nest im dichten Gestrüpp, der Neuntöter nur in stark dornigen Büschen.

Dort wo die natürliche Bildung von Höhlen fehlt oder nicht möglich ist, sind Nistkästen bestens geeignet, Vogelarten wie Blaumeise, Kohlmeise, Gartenrotschwanz, Hausrotschwanz oder Wendehals einen Nistplatz zu bieten. Kleinmeisen kann man gezielt durch einen kleinen Fluglochdurchmesser fördern. Und auch die Mehlschwalbe läßt sich mit Hilfe künstlicher Nester ansiedeln.

Es sei noch angemerkt, daß die Winterfütterung immer dann sofort eingestellt werden soll, wenn wieder die Möglichkeit der natürlichen Futtersuche besteht.

Links: Bienen gehören zu den wichtigsten Blütenbestäubern unter den Insekten.

Rechts: Lurche halten sich auf Dauer nur dann im Garten, wenn sie immer eine ausreichend große Feuchtfläche vorfinden.

Beispiele für naturnahe Gärten

Die Gärten auf dem Lande unterscheiden sich naturgemäß ganz gewaltig von denen in einer Stadt. Sie erscheinen uns lebendiger, artenreicher und natürlicher. Das heißt natürlich nicht, daß es nicht auch auf dem Lande gelänge, die verarmten Stadtgärten nachzubauen, wie es in Tausenden Gärten der wie ein Pilzgeflecht stets und ständig wachsenden Einfamilienhaus-Siedlungen leider allzuoft zu beobachten ist. In solchen Siedlungen werden die städtischen Elemente kultiviert, weil den Menschen, die oft aus der Stadt an den Stadtrand oder eben in die neuen Siedlungen der nahegelegenen kleinen Gemeinden ziehen, bereits das »gesunde« Naturempfinden abhanden gekommen scheint. Was diese Menschen ihr Leben lang in der Stadt gesehen haben, ist ihnen zum Maßstab geworden, auch in einer Umgebung, die es vermag, noch landschaftstypische Naturerscheinungen im Garten hervorzubringen. Das Erstaunlichste an dieser Erkenntnis aber ist, daß viele Menschen gerade in ihrer Flucht vor der Stadt die Natur oder doch wenigstens mehr Natürlichkeit suchen. Ihnen offenbart sich dann jedoch im eigenen Garten allzuoft die Entfremdung von der Natur.

Unterschiede zwischen Land und Stadt

Der wesentliche Unterschied zwischen den Land- und Stadtgärten beruht letztlich darauf, daß die in der Regel im ländlichen Raum noch existierenden landschaftstypischen Naturerscheinungen in Form von Bodenart, Bodenbewegung, Pflanzen und Tieren zum großen Teil noch den Gartenraum ausmachen oder die Chance haben, den Garten zu erobern. Sie schaffen so eine augenfällige Verbindung zur Umgebung.

Anders in der Stadt. Die besonderen ökologischen Verhältnisse in den Städten, hervorgerufen durch die Siedlungsform und Besiedlungsdichte, durch Veränderungen der Böden und des Wasserhaushaltes und vieler anderer Faktoren wie zum Beispiel die Abgase, führen auch zu veränderten klimatischen Bedingungen. Es ist vollkommen klar, daß sich diese tiefgreifenden Veränderungen auf die Artenzusammensetzung der Tier- und Pflanzenwelt auswirken. Artenschwund durch Eutrophierung der Gewässer mit städtischen Abwässern oder durch Wassermangel wegen versiegelter Oberflächen und Wasserableitung in die Kanalisation sowie durch die anderen bekannten Einflüsse auf den Natur- und Stadtraum, ist die Folge. Im ungünstigsten Fall wird die Natur durch diese schädlichen Auswirkungen vernichtet.

Unter diesen besonderen stadtökologischen Verhältnissen haben nur noch Spezialisten des Tier- und Pflanzenreiches eine Überlebenschance, und so entwickeln sich ganz andere Lebensgemeinschaften, die mit denen der ursprünglichen Natur relativ wenig gemein haben. Nun könnte man auf die Idee kommen, diese Lebensformen als nicht naturgemäß und damit nicht besonders erhaltenswert einzustufen.

Sie ahnen aber vermutlich, daß dem wohl nicht so sein kann. Obwohl der allgemeine Sprachgebrauch die vom Menschen wenig beeinflußte Umwelt mit dem Begriff »Natur« belegt, ist auch das,

was sich im Stadtraum unter künstlichen Bedingungen natürlich entwickelt, einer gleichen Betrachtungsweise zu unterziehen. Auch das ist Natur, wenn auch keine landschaftstypische im eigentlichen Sinne. Diese Stadtnatur hat aber doch ihre Basis in der umgebenden Landschaft, was sich in den vorhandenen Arten dokumentiert. Typisch für die Stadtlandschaft ist sie allemal.

In diesem Sinne läßt sich natürlich auch im Stadtraum der Traum eines naturnahen Gartens verwirklichen. Auch hier heißt das beste Rezept, der Vegetation eine freie Entwicklung zu ermöglichen. Die passende Tierwelt stellt sich von ganz alleine ein. Die Bedeutung der naturnahen Gärten in der Stadt als Refugien einer immer weiter zurückgedrängten Flora gewinnt ständig an Bedeutung in einer Zeit, wo die Städte immer perfekter zugebaut werden.

In den ersten zwei Jahrzehnten nach der Schreckenszeit des Krieges boten Städte mit ihren kaum überschaubaren Ruinenflächen geradezu ein »Eldorado« für die Entwicklung von Flora und Fauna im Stadtraum. In dieser Zeit bin ich in Berlin aufgewachsen und habe fast jeden in der Umgebung heimischen Schmetterling im Stadtraum beobachten können. Für uns Kinder waren weder Schwalben-

Oben: Siedlerhäuser mit ländlichem Straßenbild.

Unten: Ortsrand mit Gestaltungsmerkmalen ländlichen Charakters.

Durch den Anflug von feinsten Bodenteilchen vergrößert sich der Lebensraum der Fugengesellschaft immer mehr und bringt erhöhte Artenvielfalt mit sich.

schwanz noch Großer Fuchs oder andere in der Stadt heute nicht mehr anzutreffende Tagfalter seltene Erscheinungen. Aber die innerstädtischen Brachflächen, die als Rückzugsgebiete über Jahrzehnte oft zu einer erstaunlichen Artenvielfalt gekommen sind, werden nun nach und nach neuen Nutzungen zugeführt.

Da die öffentlichen Grünflächen nichts Gleichwertiges zu bieten haben, verarmen Stadtflora und Stadtfauna erneut, und übrig bleibt, was der Mensch glaubt, als kulturfähig ansiedeln zu können.

Teilweise lassen die Behörden ein Umdenken erkennen. So verzichten einige Städte bereits auf den Einsatz von Unkrautbekämpfungsmitteln. Wildwachsende Pflanzen werden am Straßenrand und in Baumscheiben nicht mehr permanent weggehackt. Man kann in einigen Parks sich selbst überlassene »Naturhekken« entdecken, und Dach- und Fassadenbegrünung wird im Stadtraum immer öfter praktisch verwirklicht.

Gärten auf dem Lande

Bauerngärten, Nutzgärten

Wohl die auffälligsten Gärten auf dem Lande sind die Bauerngärten. In ihrer Synthese zwischen »Naturhaftigkeit« und Nutzen sind sie das Zeugnis jahrhundertealter Gärtnertraditionen und bedeuten sicher für viele Menschen den Traum vom Garten schlechthin. Im allgemeinen liegt der Bauerngarten an einem Haus, kann sich aber auch völlig losgelöst davon in der Landschaft befinden.

Zunächst einmal ist der »echte« Bauerngarten ein Garten, der eine intensive menschliche Tätigkeit verrät. Der traditionelle Bauerngarten hat eine regelmäßige Aufteilung in Beete, welche in verschiedenen Abteilungen Gewürze, Heilpflanzen, Gemüse und Blumen beherbergen. Je nach Größe des Gartens schließt sich ein separater Obstgarten oder sogar ein Obstbaumgarten an, in

dem die Bäume auf einer Wiese stehen, welche gleichzeitig von Gänsen, Schafen oder anderen Haustieren beweidet wird.

Die Wege sind als festgetretene Erde belassen, mit Kies abgestreut oder mit Rindenmulch abgedeckt, jedoch niemals wirklich befestigt. Eine Wasserentnahmestelle ergänzt den funktionalen Teil eines solchen Gartens, der überdies durch eine Vielzahl weiterer liebenswerter Details auffällt, zu denen nicht nur das Obstspalier am Haus, die schöne alte Bank oder der Rankbogen am Eingang gehört, sondern auch der hölzerne Gartenzaun selbst, der den Garten einfriedet.

Wenn man das alles unvoreingenommen betrachtet, wird man feststellen, wie hier alles durchdacht und angelegt ist, und kommt zwangsläufig zu der Frage, worin in einem solchen Garten die »Naturnähe« besteht. Im Bauerngarten treffen mehrere Komponenten aufeinander, deren Prinzipien man sich auch in allen anderen Gärten zunutze machen sollte. Erstens bleibt er in der Wahl der Baumaterialien naturverbunden, indem er zum Beispiel auf Wege aus Kieselwaschbeton-Platten oder ähnlichem grundsätzlich verzichtet. Es findet keine Versiegelung oder Umschichtung des Bodens statt. Die Zäune sind aus Holz gebaut. An

zweiter Stelle sind die Bewirtschaftungsmethoden von Bedeutung. Nur die zu Kulturzwecken angelegten Bereiche werden intensiv bewirtschaftet. Alle übrigen Gartenteile haben aber genügend natürlichen Entwicklungsspielraum, so daß die Pflanzen der umgebenden Landschaft nicht nur am Rande des Gartens die Chance haben, sich anzusiedeln.

Auch ist positiv zu werten, daß in den meisten Fällen selbst aufgesetzter Kompost, Stallmist und ähnlicher Naturdünger Verwendung findet und so eine naturgemäße Bodenbearbeitung und -verbesserung erfolgt. Eine chemische Schädlingsbekämpfung geschieht nur sehr selten, da durch die Vielfalt in diesen Gärten ein Übermaß an bestimmten »Schädlingen« nicht auftritt. Der Aufwand würde sich wegen dem Charakter

solcher Gärten gar nicht lohnen. Drittens aber bietet der Bauerngarten durch seine Vielfalt einer Fülle von Tieren Nahrung und Aufenthaltsmöglichkeit.

Von elementarer Bedeutung sind solche ländlichen Gärten, was die Einbindung von Orten in die Landschaft betrifft. Wie ein Gürtel lagen sie früher um die Dörfer und Städte. Die umgebende Landschaft mit Wiesen, Äckern, Wald und Gewässern verzahnte sich förmlich mit dieser Randzone. Sie hatte ihre »Botschafter« in jedem Garten, weil Relikte der Landschaft erhalten geblieben sind, wie der Holunder im Garten, die Feldhecke, der einzelne übriggebliebene Waldbaum oder die Wiese, die sich im Garten fortsetzte. Jeder Besitzer eines Gartens in solcher Lage ist also aufgerufen, seinen Beitrag zu leisten, um das Landschafts-

Vielfalt der Pflanzen und landschaftsgebundenen Bauweisen zeichnen den Bauerngarten aus. Der Rand solcher Gärten bietet immer Raum für Pflanzen und Tiere der Umgebung.

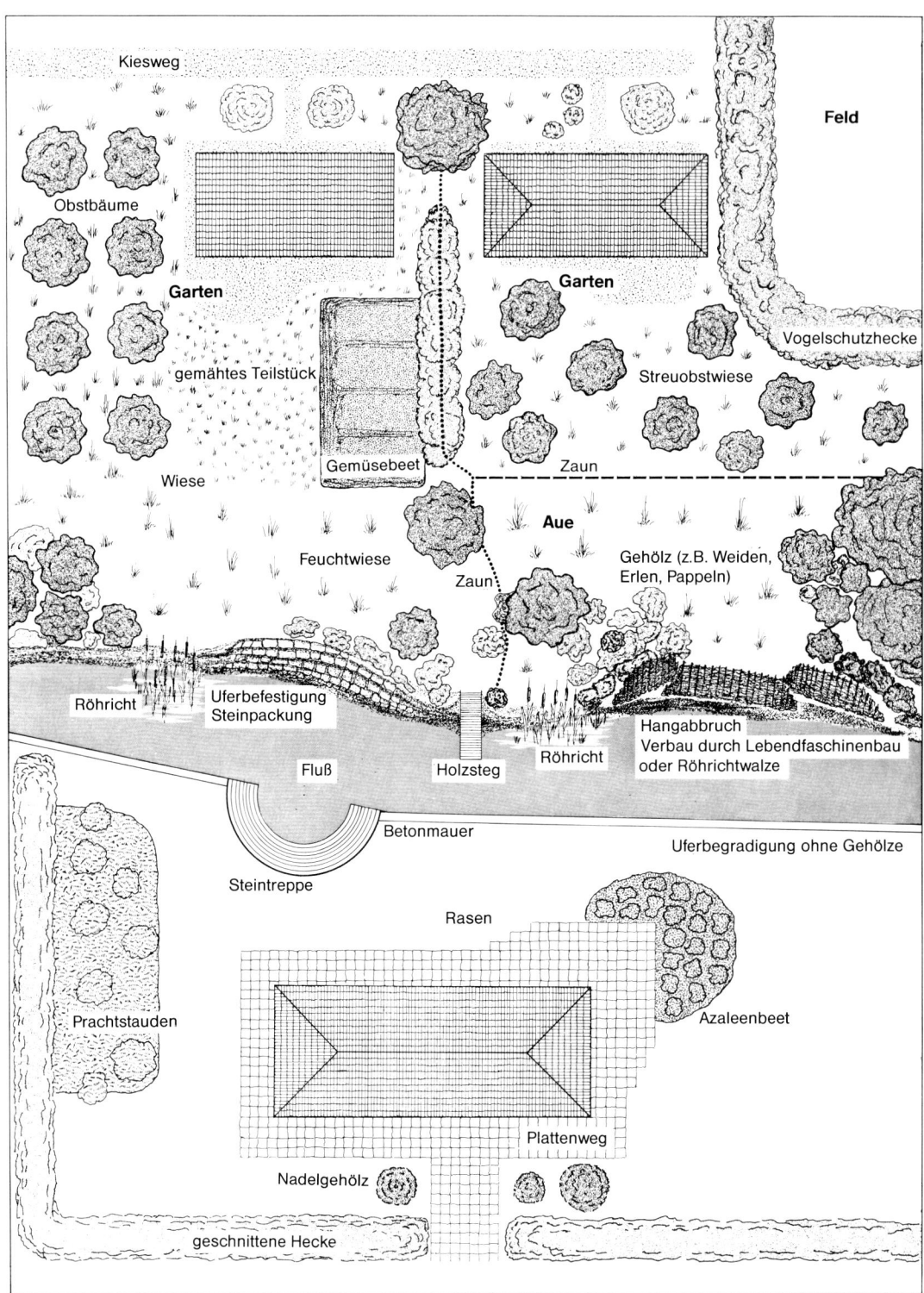

Kiesweg

Feld

Obstbäume

Garten

Garten

Vogelschutzhecke

gemähtes Teilstück

Streuobstwiese

Gemüsebeet

Zaun

Wiese

Aue

Feuchtwiese

Gehölz (z.B. Weiden, Erlen, Pappeln)

Zaun

Röhricht

Uferbefestigung Steinpackung

Hangabbruch Verbau durch Lebendfaschinenbau oder Röhrichtwalze

Fluß

Holzsteg

Röhricht

Betonmauer

Uferbegradigung ohne Gehölze

Steintreppe

Rasen

Prachtstauden

Azaleenbeet

Plattenweg

Nadelgehölz

geschnittene Hecke

und Ortsbild zu verbessern und dadurch gleichzeitig naturnahe Elemente in den Siedlungsbereich zu bringen.

Siedlergärten, Siedlungsgärten

Einfamilienhäuser, so wie wir sie heute kennen, gab es früher nicht. »Kleine Häuser« waren traditionell Familienbesitz, meist bäuerliches Erbe und dadurch eng mit der Arbeitsstätte verbunden. Vor allem nach dem Ersten Weltkrieg rückt das Siedlerhaus, wozu auch die Werkssiedlungen gehörten, in das Blickfeld und mit ihm eine neue Form des Wohnens von Industriearbeitern. Es war mit einem ausreichend bemessenen Garten versehen, der der Selbstversorgung mit Obst und Gemüse und zur Kleintierhaltung diente. Im Prinzip hat sich diese Entwicklung bis heute gehalten, nur daß die neuen Siedlungen auf dem Lande in den meisten Fällen mit »Stadtgärten« verunziert sind.

Der Garten der neuen Siedlungen ist nicht mehr auf Selbstversorgung ausgelegt, sondern dient als sogenannter Freizeitgarten. Sein Wert wird gemessen an der Pflegeleichtigkeit, am Anteil nutzbarer Rasenfläche, an der dauerhaften Abschirmung zum Nachbarn und der Möglichkeit, einen Zweitwagen abzustellen. Also alles keine Argumente, die einen Naturfreund begeistern könnten.

Natur und Erholungsbedürfnis müssen sich aber gar nicht ausschließen! Ein Garten ähnlich dem des Bauerngartens bringt Lebensraum für Pflanzen und Tiere. Lagern kann man auch auf der Wiese unter Obstbäumen. Wer kein Gemüse will, legt Beete mit heimischen Wildstauden wie Alant (*Inula*-Arten), Wiesenraute (*Thalictrum*-Arten) oder Wasserdost *(Eupatorium cannabinum)* an oder schafft Lebensräume, wie sie in den vorangegangenen Kapiteln beschrieben wurden.

Da die Gärten dieses Typs in den Ortsrandlagen entstehen, ist praktisch immer die Möglichkeit gegeben, vorhandene Landschaftselemente in die Überlegungen zur Schaffung eines Gartens miteinzubeziehen. Gleichzeitig lassen sich dabei auch die Ortsrandlagen vorbildlich in die umgebende Landschaft einbinden.

Gärten in der Stadt

Hinterhöfe

In den Zentren der Städte ist von Natur nichts mehr zu spüren. Selbst Straßenbäume finden häufig keinen Platz mehr. Und doch kann sich im Innern der Hausblöcke oft Erstaunliches verbergen. Selbst in kleinsten Höfen finden sich Bäume, ranken Rosen, steht ein Brunnen, ist ein Stück Wildwuchs belassen. Man kann beim Eintreten in solche Höfe im wahrsten Sinne des Wortes aufatmen.

Was dagegen leider immer noch die Mehrheit solcher Höfe auszeichnet, ist die durchgehende Betonplatte, auf der die Mülltonnen den einzigen »Schmuck« bilden, Pflasterflächen werden als Parkplätze genutzt, manchmal stehen ein paar dürftige Pflanzkübel herum und in letzter Zeit findet sich auch immer wieder der Versuch, durch etwas Farbe an der Wand oder gar durch aufgemalte Natur in Form von Bäumen und Landschaften solche Trostlosigkeiten zu überspielen.

Nun gibt es seit wenigen Jahren in einigen Städten öffentlich geförderte Programme zur Begrünung von Hinterhöfen. Die damit bisher erzielten Erfolge können sich sehen lassen. Ich glaube, daß hierin mit ein wesentlicher Anstoß gegeben wurde, um mehr Natur in den Stadtraum zu bringen, auch wenn natürlich nicht aus jedem so entstandenen Gartenhof ein naturnaher Bereich in unserem Sinne geworden ist.

Wer einen zugepflasterten oder betonierten Hof naturnahe anlegen will, muß sich auf ein beträchtliches Stück Arbeit einstellen. Im allgemeinen ist es nicht nur damit getan, den Beton aufzubrechen, den man, wie bereits erwähnt, in Schichten zu kleinen Trockenmauern

Naturnah gestaltete Gärten beziehen vorhandene Landschaftselemente mit ein. Die natürliche Vielfalt wird erhalten. Schäden in der Landschaft werden behutsam repariert.
Der im unteren Teil des Bildes dargestellte Garten zeigt in jeder Hinsicht die Armut heutiger Hausgärten. Hier ist nichts mehr natürlich. Der Landschaftscharakter ist völlig verloren.

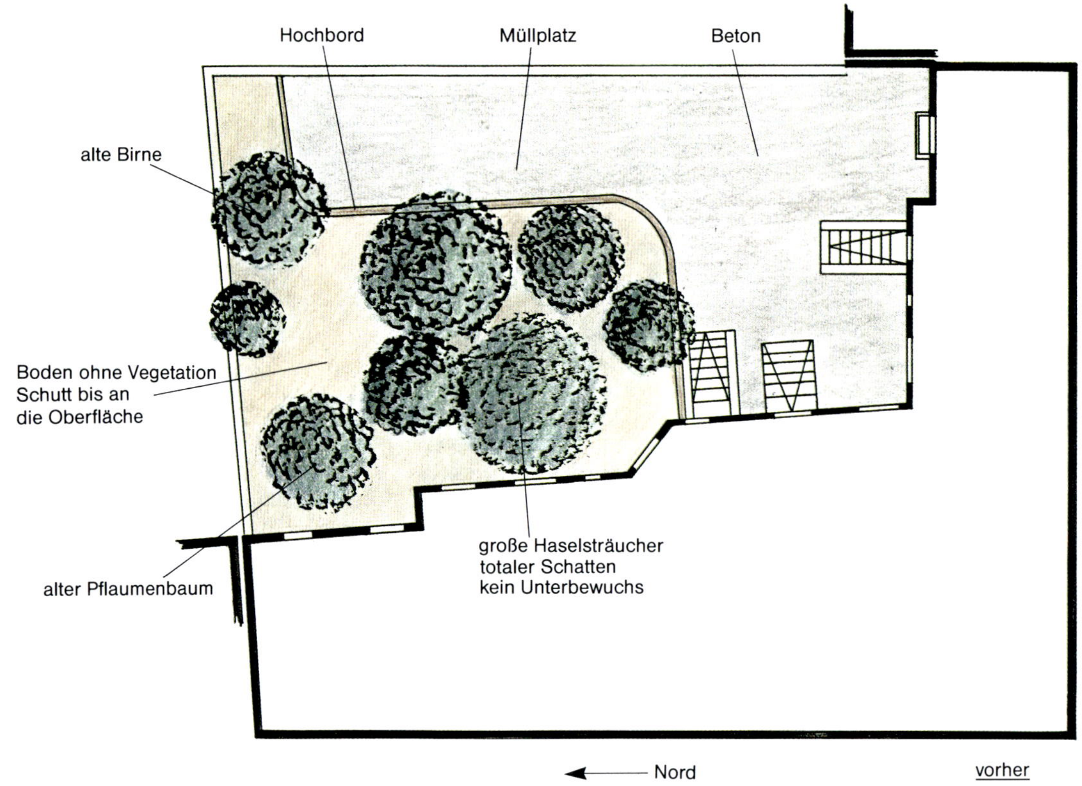

vorher (oberer Plan):

- Hochbord
- Müllplatz
- Beton
- alte Birne
- Boden ohne Vegetation Schutt bis an die Oberfläche
- großer Haselsträucher totaler Schatten kein Unterbewuchs
- alter Pflaumenbaum
- ← Nord
- vorher

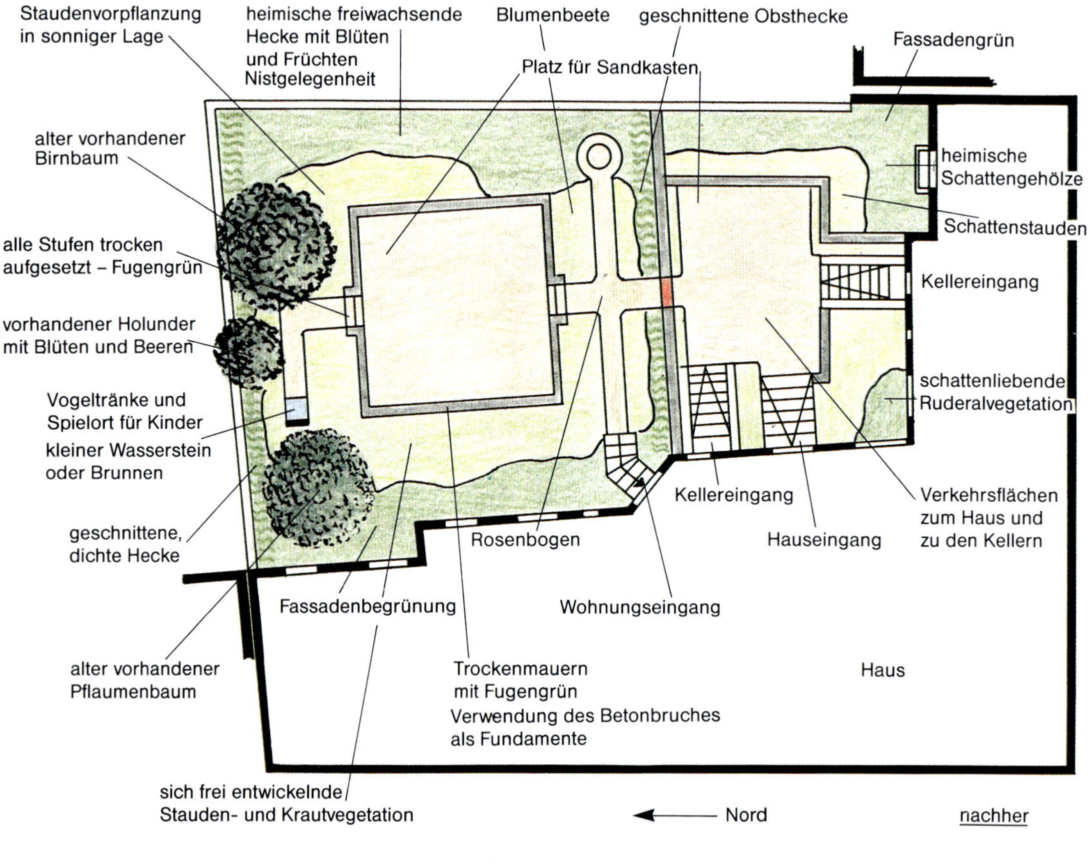

nachher (unterer Plan):

- Staudenvorpflanzung in sonniger Lage
- heimische freiwachsende Hecke mit Blüten und Früchten Nistgelegenheit
- Blumenbeete
- geschnittene Obsthecke
- Fassadengrün
- Platz für Sandkasten
- alter vorhandener Birnbaum
- heimische Schattengehölze
- Schattenstauden
- alle Stufen trocken aufgesetzt – Fugengrün
- Kellereingang
- vorhandener Holunder mit Blüten und Beeren
- Vogeltränke und Spielort für Kinder kleiner Wasserstein oder Brunnen
- schattenliebende Ruderalvegetation
- geschnittene, dichte Hecke
- Kellereingang
- Rosenbogen
- Verkehrsflächen zum Haus und zu den Kellern
- Fassadenbegrünung
- Hauseingang
- Wohnungseingang
- alter vorhandener Pflaumenbaum
- Trockenmauern mit Fugengrün Verwendung des Betonbruches als Fundamente
- Haus
- sich frei entwickelnde Stauden- und Krautvegetation
- ← Nord
- nachher

Gegenüberliegende
Seite: Stadtgarten,
oben vor der
Neuanlage, unten
nach der Umgestal-
tung.

Oben: Der
Hinterhof wird
lebensfähig
gemacht.

Nach einem Jahr
sieht er schon so
aus. Er bietet nicht
nur Pflanzen und
Tieren Lebensraum,
sondern auch den
Bewohnern. Die
ersten Fehler in der
Bepflanzung lassen
sich leicht beheben,
und die Natur hilft
mit.

verarbeiten kann. In vielen Altbaube-
ständen war der Hofbereich zuvor die
große Bauschuttkippe. So ist unter dem
Beton oftmals nicht etwa verwertbarer
Boden, sondern vom Blecheimer über
Kalk, Eisengitter und zerbrochene Ziegel
so ziemlich alles zu finden. In unserem
eigenen Berliner Gartenhof mußten wir
gar ein fast meterdickes Kokslager ausgra-
ben und abfahren. In solchen Situationen
wird ein Bodenaustausch unumgänglich,
es sei denn man baut Hochbeete. Dies
hat vor allem in engen und von vielen
Mietern ständig begangenen Höfen zum
Schutze der Vegetation durchaus einen
Sinn und lohnt sich sehr.

Selbst kleine Höfe kann man naturnahe anlegen. Allerdings wird in solchen
Situationen der Widerspruch zwischen
dem Ziel der Naturnähe und dem Mach-
baren besonders deutlich. Eine Reihe von
Funktions- und Nutzungsaspekten und
natürlich auch die Kleinheit der Flächen
begrenzen die Möglichkeiten. Extrem naturnahe wäre es in einer solchen Lage,
den Beton aufzubrechen und ihn mit
Ruderalvegetation besiedeln zu lassen.
Alternativ könnte der Schutt in eine Ecke
befördert und liegengelassen werden.
Der unter dem Beton gelegene, inzwischen tote Boden wird auch nicht be-
arbeitet, sondern bestenfalls mit Rohbo-

1 Hausbaum –
  Lebensraum vieler Tierarten
2 extensiv gepflegter Rasen
  zum Spielen und Lagern
3 Spalierobst als Fassadengrün
4 Fassadenbegrünung
5 freiwachsende Hecke aus
  einheimischen Gehölzen
6 Stauden des Gehölzrandes
7 Umwandlung von Intensivrasen
  zu blütenreichen Rasen-
  gesellschaften
8 »Trampelpfad«
  mit Rindenmulch
  abgedeckt
9 Böschung mit Trockenmauern –
  Lebensraum für Pflanzen und Tiere

10 Steinhaufen als Unterschlupf
   für kleine Tiere
11 Terrasse aus Naturstein
12 Lebensraum Wasser
13 unversiegelter Kiesweg
14 Obst- und Gemüsegarten
15 begrüntes Garagendach
16 Zufahrt zur Garage
   aus Pflaster mit Rasenfugen

denbesiedlern bestückt. Aber das machen dann nur die wirklichen Naturgartenfreaks. – Falsch wäre dieses Vorgehen in unserem Sinne bestimmt nicht.

Es ist nochmals deutlich zu betonen, daß der Begriff der Naturnähe für die hier beschriebene Situation eigentlich verfehlt ist. Er könnte ohnehin nur die städtische Komponente der Natur bezeichnen. Durchaus angebracht ist dagegen das Einbringen von Naturelementen, wie sie schon beschrieben wurden.

Ich kenne Höfe von etwa 100 m^2 Größe, in denen vom kleinen Teich über Stauden- und Obstpflanzungen bis hin zu Wildkräutern alles vertreten ist. Dabei bleibt sogar noch Raum für gemeinsame Nutzungen durch die Bewohner. So können Höfe durchaus den Charakter eines kleinen Paradieses annehmen und in Form eines erweiterten Wohnraumes auch den Kontakt zur Natur wieder alltäglich werden lassen. Es sind Rückzugsgebiete für Pflanzen, Tier und Mensch! Doch auch wenn man »Natur« in solche

Gärten einbringt, dann sind sie immer noch nicht naturnah oder landschaftstypisch in unserem Sinn.

Was für die kleinen Höfe gut ist, läßt sich auch in Wohnanlagen verwirklichen, die durch »Entkernung« zu unverhofft großen und sonnigen Höfen gelangt sind. Verschiedene städtebauliche Konzepte sehen inzwischen bei Neubauten von vornherein große Flächen im Blockinneren vor. Hier kann der Landschaftsarchitekt trotz aller funktionalen und formalen Aspekte schon eher eine Anlage schaffen, die von wirklichem Naturverständnis geprägt ist. Da muß der Feuerwehrweg nicht mit sogenannten Rasterplatten ausgelegt sein, die oft jahrelang ihr Gittermuster bewahren, ehe sie mühsam zugewachsen sind. Mit einem Schotterbett und einer Wiesensaat-Mischung erzielt man bereits nach drei Wochen eine artenreiche Wiese, die von Insekten und Vögeln aufgesucht wird. Die Feuerwehr kann trotzdem fahren, auch wenn man das der Fläche nicht ansieht.

Gegenüberliegende Seite: Naturnah gestalteter Hausgarten.

In diesem Hof wurde lange nichts mehr getan. Pflanzen erobern langsam das Terrain.

15

8

7

6

9

41

14

16

21

26

24

22

23

25

27

28

33

32

30

29

31

43

35

1 Gewächshaus
2 Obstbäume
3 geschnittene Hecke
4 Bank
5 Wirtschaftsgarten mit
   Gemüse, Blumen
6 Wintergarten
7 Terrasse
8 Gehölze und Stauden
   des Waldsaumes
9 Rasen
10 sonnige Stauden- und
   Gräserpflanzung
11 Rindenmulchweg
12 vorhandener
   Baumstubben –
   nicht roden!
13 Buchen, vorhanden
14 Trockenrasen-
   gesellschaften
15 Wald
16 wassergebundener
   Weg
17 schattige, waldartige
   Partie mit Farnen,
   Gräsern, Stauden
18 freiwachsende
   Feldhecke
19 Holzzaun
20 Acker
21 Feuchtwiese
22 Steinhaufen –
   Unterschlupf
23 Eibe, vorhanden
24 Teich mit Sumpfzone
25 Brücke
26 Gehölzpflanzung für
   feuchte Lagen
27 dichte Gehölzpflan-
   zung – Vogelschutz
28 Schattengehölze und
   Staudensaum
29 Sitzplatz
30 Feldgehölze
31 Eiche, vorhanden
32 Schattenrasen
33 Esche, vorhanden
34 Trockenmauer mit
   Fugengrün
35 Ackerflur
36 Feldgehölze
37 Knick/Feldhecke
38 Weideland
39 Buche, vorhanden
40 Pavillon
41 Pergola
42 Sand- und Kiesweg
43 Mauer mit Brunnen

Großer Hausgarten/
Vorstadtgarten mit
guter landschaftli-
cher Einbindung.
Die Elemente der
Feldflur werden in
die Randbereiche
das Gartens über-
nommen.

97

Auch in öffentlichen Anlagen, wie hier bei einem Krankenhaus, muß auf den Aspekt der Naturnähe trotz aller Funktions- und Gestaltungsfragen nicht verzichtet werden. Besucher und Patienten wissen dies zu würdigen.

Gehwege können zum Beispiel als wassergebundener Wegeaufbau hergestellt werden, in der Art von Parkwegen. Ein kleiner Teich ist vielerorts auch schon wieder möglich geworden. Das Verhältnis zum Wasser scheint sich in solchen Gartenanlagen in den letzten Jahren bei Bauherren und Mietern positiv entwikkelt zu haben.

Hat man einen Bauherrn und eine Mieterschaft, die experimentierfreudig sind und etwas Geduld aufbringen, kann man Wege beschreiten, die für Wohnanlagen, auch größeren Ausmaßes, ein Maximum an Naturnähe versprechen. In solchen Fällen ist zu empfehlen, möglichst große Flächen sich selbst zu überlassen. Bäume, Sträucher und Stauden entwickeln sich ganz von selbst, und auch als Spielplatz für Kinder eignen sich solche Flächen hervorragend. Bäume erklettern, Stöcke schneiden, Höhlen bauen und Tiere beobachten, welcher Städter meines Alters kennt das nicht von den mit Goldruten, Brennesseln, Eschen, Pappeln und Haselnüssen bestandenen Ruinengrundstücken der Nachkriegszeit. Ruderalvegetation als schönstes Lern- und Spielfeld der Welt!

Vorgärten

Die typischen Gärten in den Städten sind Vorgärten. In kleinen Städten haben sie größtenteils ländlichen Charakter. Die Menschen spüren noch die Natur der Umgebung, und dieser Einfluß wirkt sich günstig auf den Garten aus. In der großen Stadt ist man oft kilometerweit von solchen Eindrücken entfernt und allmählich hat die Architektur und die Monotonie der grauen Straßen- und Wegebänder die Naturbilder verblassen lassen, was nun spürbar die Vorgartenbilder beeinflußt. Oft sind Müllbehälter und Briefkästen die bestimmenden Elemente, die dadurch den ganzen Straßenraum prägen. Dabei sind die Möglichkeiten, Natur in den Vorgarten zu bringen, sehr vielfältig und mit einfachen Mitteln zu erzielen. *Naturnähe* aber, in unserem Sinn verstanden, läßt sich auch hier kaum erzielen! Selbst kleinste Vorgärten haben noch Raum für Gehölze, die Vögeln Nahrung und Nistgelegenheiten bieten. Auf kleinstem Raum hat sich zum Beispiel auch der Rotdorn als kleinkroniger Baum bewährt, der zudem sehr gut den Schnitt verträgt. Fassadengrün stellt eine weitere Möglichkeit dar, Lebensraum für Pflanzen und Tiere in beengter Situation zu

Selbst auf kleinen Gartenflächen und sogar in den engen Freiräumen der Großstädte kann sich eine vielfältige Pflanzengesellschaft entwickeln, die dann allerdings anders zusammengesetzt ist als die Vegetation der umgebenden Landschaft.

schaffen. Steht mehr Platz zur Verfügung, kann der Vorgarten schon ein Garten mit Gehölzen, Stauden und Hausbaum sein.

Typische Pflanzen in solchen Bereichen sind beispielsweise Falscher Jasmin *(Philadelphus coronarius)*, Flieder *(Syringa vulgaris)*, Liguster *(Ligustrum vulgare)*, Goldregen *(Laburnum anagyroides)*, Schwarzer Holunder *(Sambucus nigra)*. Wirklich lebendig werden aber Vorgärten erst, wenn sie auch Stauden und Kräutern, die in der Stadt vorkommen, Platz bieten. Wilde Möhre *(Daucus carota)*, Gemeine Nachtkerze *(Oenothera biennis)*, Weißklee *(Trifolium repens)*, Kriechender Hahnenfuß *(Ranunculus re-*

pens), Späte Goldrute *(Solidago gigantea)* und selbst die Große Brennessel *(Urtica dioica)* sind einige solcher Pflanzen, die den Lebensraum Stadt bereichern und durch ihr Vorhandensein Insekten aller Art anlocken und zu deren Überleben beitragen.

Reihenhausgärten

In einem Reihenhausgarten kann es besonders schwierig sein, den Wunsch nach einem naturnahen Garten durchzusetzen. Nicht nur, daß hier auf engstem Raum gearbeitet werden muß, in so

einem Garten ist auch noch der Nachbar mit von der Partie. Und unter diesen Umständen kann es sehr schnell zum Konflikt kommen, denn nicht jeder findet es gut, wenn vom Nachbargarten aus der Klee Einzug in seine Rasenfläche nimmt, das Einjährige Bingelkraut *(Mercurialis annua)*, die Kleine Brennessel *(Urtica urens)* oder der Sachalin-Staudenknöterich *(Polygonum sachalinenses)* sich langsam unter dem Gartenzaun hindurchschiebt. Hier kann und muß das Gespräch die gutnachbarliche Beziehung erhalten helfen, denn ein wirklich befriedigendes Nebeneinander ist durch Gerichtsbeschlüsse nicht zu erzielen. Am günstigsten wäre eine gemeinsame Planung mehrerer Gärten zusammen ohne Zäune. So ließe sich eine größere Wiese, ein gemeinsamer Gehölzsaum, ein gemeinsames Feuchtbiotop und noch einiges mehr schaffen. Trotz meines Zweckoptimismus weiß ich jedoch, daß dies nur in den wenigsten Fällen möglich sein wird. Im Einzelgarten, erst recht wenn man eine möglichst große Fläche nutzen will, wird man sich entscheiden müssen und nur einige Ideen verwirklichen können.

Selbstverständlich pflanzt man auch hier nur heimische Flora, aber es sind kleinkronige Bäume und nicht zu

wüchsige Gehölze für die Rahmenpflanzung vorzusehen. Ist der Garten besonders schmal, empfiehlt sich auch eine geschnittene Laubholzhecke, die Vögeln immer noch Gelegenheit zum Nisten bietet. Selbst ein kleiner Steinhaufen oder ein kleiner Tümpel sind noch möglich und werden die Ansiedelung anderer Lebewesen nach sich ziehen. Jedoch darf man die Erwartung an solcherlei Naturnähe nicht zu hoch ansetzen, was Entwicklung und Artenvielfalt angeht. Obwohl so ein Garten immer noch artenreicher und damit bunter sein wird als andere Gärten, hat er es doch schwer, sich selbständig weiter zu entwickeln, wenn

er ringsum nur von mehr oder weniger toten Gärten umgeben ist.

Hausgärten

Sobald man den Kernbereich von Städten verläßt und sich in die Randbereiche begibt, löst sich die Blockbebauung auf, und auch größere Mietshäuser sind von relativ großen Gartenflächen umgeben. Ob der Hausgarten eines Mietshauses, eines Einfamilienhauses oder einer Villa – alle sind aufgrund ihrer Größe und ihrer Lage im Weichbild der Stadt bestens geeignet, den Gedanken des naturnahen Gartens

Solche Wiesen könnten an vielen Stellen den pflegeaufwendigen Rasen ersetzen.

Wirklichkeit werden zu lassen. Der frei wachsende Gehölzsaum mit der sich darunter entwickelnden Krautflora kann hier bereits landschaftsähnlichen Charakter annehmen. Das Anlegen einer obstbaumbestandenen Wiese erscheint nicht »kleinkariert«, und selbst wenn man zum Sitzen und Liegen 10 oder 20 m² abmäht, bleibt immer noch genügend Wiese übrig. Eine Wasserstelle hat in so einem Garten die Chance, ein Teich mit einer vielfältigen Lebensgemeinschaft zu werden. Der Hausbaum kann eine Linde oder Eiche sein, ohne daß ein Leben lang der Garten im Schatten liegt. Staudenbeete und Nutzgarten-Teil ergänzen den Garten, und wenn es dem Besitzer gelingt, bei der Wahl der Pflanzen und Materialien ebenfalls naturverbunden und landschaftsgerecht zu bleiben, kann man sich in solchen Gärten tatsächlich ein herrliches Stück Natur schaffen. Denn sie haben meist eine Größe, in der sich auch über längere Zeit, oder sogar dauerhaft, Lebensgemeinschaften von Tieren entwickeln.

Gartenpflege

Den Garten wird man zunächst einmal ausschließlich mit Pflanzen in Verbindung bringen – Pflanzen, welche man eigens für ganz bestimmte Zwecke hier aussät oder pflanzt, um sich an der Blütenpracht zu erfreuen, um Kräuter für die Hausapotheke oder Gemüse und Obst für die tägliche Ernährung anzubauen. Hier wird gehegt und gepflegt. Kaum jemand macht sich jedoch Gedanken darüber, daß Hegen und Pflegen auch Zerstörung bedeutet. Zerstört werden all jene Lebewesen, die sich in Konkurrenz zu dem entwickeln, was wir begünstigen wollen.

Im naturnahen Garten werden menschliche Eingriffe nur selten vonnöten sein. Hier ist nur von Bedeutung, den Kreislauf der Natur nicht zu unterbrechen! Das fängt mit der Bodenbearbeitung an, die sich im naturnahen Garten nur noch auf die eigentlichen Nutzflächen beschränkt. In diesen Bereichen kann man Grabegabel, Hacke oder Sauzahn noch einsetzen, um den Boden zu belüften oder die Kulturen von übermäßiger Konkurrenz zu befreien. Die Düngung beschränkt sich nur auf die Kulturflächen und sollte möglichst mit eigenem Kompost durchgeführt werden, den man aus den Gartenabfällen und pflanzlichen Küchenabfällen gewinnt, zu denen unter anderem auch Kaffeefilter gehören. Ist kein Platz für eine frei liegende Miete (zum Beispiel hinter einer Hecke) vorhanden, kann ein Kompostbehälter aufgestellt werden. Dieser muß luftdurchlässig sein, damit die Kompostierung optimal vonstatten geht. Mit Kompost-Regenwürmern kann man ganz besonders gute Erfolge erzielen, da diese das organische Material direkt in wert-

volle Wurm-Komposterde umwandeln. Die übrigen bepflanzten Flächen düngen sich selbst. In den Pflanzungen wird natürlich das Laub liegen gelassen und nicht, wie der Nachbar es vielleicht praktiziert, herausgeharkt.

Das Laub wird im Boden durch die Bodenorganismen wieder in pflanzenverfügbare Nährstoffe umgewandelt. Gegraben wird hier nicht, um nicht die Bodenvegetation zu zerstören.

Relativ viel habe ich bereits über die biologische Schädlingsbekämpfung im Kapitel »Tiere im Garten« gesagt. Dies soll nur noch ergänzt werden mit dem Hinweis, daß es auch eine ganze Reihe Pflanzen gibt, die bestimmte »Schädlinge« im Garten vertreiben. So wirkt zum Beispiel die Pfefferminze (*Mentha × piperita*) gut gegen Erdflöhe und Kohlweißling. Thymian *(Thymus vulgaris)* und Salbei *(Salvia officinalis)* wehren Schnecken ab. Nehmen »Schädlinge« überhand, darf *niemals* mit chemischen Giften behandelt werden. Entweder man läßt die Natur walten, beseitigt die »ungeliebten Gäste« mit der Hand, oder bedient sich der durch Bio-Garten-Bücher und Bio-Zeitschriften inzwischen weit verbreiteten, selbst aufgesetzten Spritz- und Gießmittel, wie beispielsweise Brennesselbrühe und -jauche (gegen Blattläuse und zur physischen Kräftigung) oder Schachtelhalmbrühe (vorbeugende Wirkung gegen Mehltau und andere Pilzkrankheiten).

Im naturnahen Garten kann immer dann in den Bestand eingegriffen werden, wenn bestimmte, gewollte Lebensräume »unterzugehen« drohen. Wie schon gesagt, setzen hier sicher Auffassungsunterschiede ein, aber wer etwa

In diesem Hausgarten konnte sich mehr als 40 Jahre lang eine weitgehend unbeeinflußte Vegetation entwikkeln. Solche Gärten bieten zu jeder Jahreszeit lebendige Natur in allen Variationen. Die aus den Nachbargärten eingewanderten Kulturpflanzen werden geduldet.

ein offenes Gewässer haben möchte, muß etwas gegen die Verlandung tun, und ein Wiesensaum, der langsam verbuscht und die Wiese immer weiter zurückdrängt, den kann man ebenfalls behutsam auf seiner alten Linie halten.

Wiesen- und Rasengesellschaften werden je nach Typ ein- bis dreimal im Jahr gemäht.

Auch die Wasserflächen im Garten, vornehmlich Teich und Tümpel, sind zu beobachten und zu pflegen. Will man Überdüngung oder Verlandung verhindern, muß im Herbst Laub abgefischt werden. Auch ein über das Wasser gespanntes dünnes Netz als Laubfang kann

hilfreich sein. Stark wuchernde Pflanzen werden ausgedünnt und übrige abgestorbene Pflanzen ebenfalls entfernt. Ist in der Anfangszeit ein Röhrichtgürtel, welcher zur Belüftung des Wassers beiträgt, noch nicht ausgebildet, befinden sich aber Fische und andere Tiere im Teich, empfiehlt es sich für den Winter, einen Strohballen ins Wasser zu legen, so daß bei dicker Eisschicht die Sauerstoffzufuhr gegeben ist.

In Trockenzeiten kann auch ein Nachfüllen mit Wasser notwendig werden, sofern es sich nicht um Lebensräume handelt, die mit wechselndem Wasserstand auskommen. Auch ein Ausräumen der

Moderschicht, die sich im Laufe der Jahre bildet, kann notwendig werden, wenn sie bei ihrem Abbauprozeß dem Wasser zuviel Sauerstoff entzieht.

Unter dem Gesichtspunkt »Naturnähe« muß im Garten (Ausnahme Nutzgarten) nicht gewässert werden, da er ja aufgrund seiner Bepflanzung an die Klimalage und auch an die Bodenarten, welche unterschiedliche Wasserhaltekapazitäten aufweisen, angepaßt ist oder sein müßte. Wer diese, auf keinen Fall verkehrte, Haltung einnimmt, spart viel Arbeit, muß aber in Dürrezeiten auch Verluste an Pflanzen und optische Einbußen im Garten hinnehmen. Die meisten Gartenbesitzer werden sich auch unter dem Aspekt weitestgehender Hinwendung zu naturverbundener Gartenbetrachtung nicht scheuen, in Trockenzeiten mit Wassergaben nachzuhelfen. Der Normalfall ist wohl das Sprengwasser aus der Leitung, aber besser erscheint es, Niederschlagswasser in Tonnen, Becken oder unterirdischen Behältern zu sammeln und damit den Garten zu versorgen.

Den Naturgarten nutzen

Der naturnahe Garten ist in seiner Nutzbarkeit jedem anderen Garten ebenbürtig, wenn nicht sogar überlegen. Dies liegt an seiner Struktur. Er bietet eigentlich alles, was man von einem Garten erwarten kann. Er ist ein Refugium, ein Ort der Ruhe und Besinnlichkeit. Er ist Arbeitsplatz, Spiel- und Tummelplatz der Kinder, Erholungsraum, und er ermöglicht Naturerleben. Daß der naturnahe Garten »so ganz nebenbei« auch einen Ort des Lernens darstellt, darf jeder als ein zusätzliches Geschenk in Anspruch nehmen. Und für alle ist natürlich der Garten, wie ich ihn beschrieben habe, ein Ort voller Überraschungen.

Das Refugium

Mir scheint, der Mensch kommt erst wirklich zur Besinnung, wenn er sich in natürlicher Umwelt wiederfindet. Der naturnahe Garten eignet sich bestens als Rückzugsort. Besinnen heißt ja die Sinne wieder zur Geltung gelangen zu lassen. Stellen Sie Ihren Gartenstuhl oder die Gartenbank unter einen blühenden Holunder, schließen Sie die Augen, genießen Sie den Duft und die Sonne und denken Sie an nichts. Ihren Neigungen und den Örtlichkeiten Ihres Gartens entsprechend können Sie sich jeden Platz aussuchen. Immer hat der naturnahe Garten Ihren Sinnen etwas zu bieten. Licht und Schatten, Formen und Farben für das Auge. Das Plätschern des Wassers, das Summen der Insekten, der Gesang der Vögel und das Rauschen der Blätter für das Ohr. Früchte, Kräuter und Gemüse für den Gaumen. Der Duft der Blüten und der Geruch von Erde für die Nase.

Und die Berührung von Pflanzen und Tieren, von Boden und Wasser macht die unendliche Fülle von Empfindungen deutlich, zu denen wir fähig sind.

Um Ruhe zu finden, muß man aber nicht ausschließlich auf einen Stuhl oder eine Bank zurückgreifen. Legen Sie sich in den blühenden Klee oder auf ein Stück geschnittene Wiese. Und wenn Sie ein Gartenhäuschen besitzen oder einen offenen, aber überdachten Platz, dann können Sie sogar den Regen im Garten genießen.

Der Arbeitsplatz

Auch der naturnahe Garten bietet ein reichliches Arbeitsfeld. Wenn ich nur einmal absehe von den traditionell arbeitsreichen Partien wie Obst- und Gemüsegarten, so ist auch im naturnahen Garten eine entwickelnde Pflege möglich. Daß diese allerdings nicht zwangsläufig sein muß, habe ich ja an anderer Stelle bereits erläutert. Im Normalfall wird aber der Gartenbesitzer die Mahd durchführen, Staudenflächen bearbeiten, zu üppige Entwicklungen der Größe des Gartens anpassen, den Teich säubern und so fort. Dazu kommen dann die üblichen Arbeiten wie Reparatur von Zäunen und Gartenmobiliar. Tätigkeiten wie Kompost aufsetzen, Nistplätze und künstlichen Unterschlupf für Tiere anlegen und kontrollieren, Wildfrüchte ernten und verarbeiten, ergänzen das Arbeitsangebot.

Der Spiel- und Tummelplatz

Rasenwege, Wege aus Naturstein oder Wege mit wassergebundener Decke erschließen den Garten. Das heißt aber nicht, daß nun nichts mehr betreten werden darf. Die Wiese mit Gänseblümchen, Löwenzahn, Hahnenfuß und Wegerich kann natürlich auch zu Ballspiel und Ringkämpfen genutzt werden, ebenso wie zum Lagern mit Decke, Picknickkorb und Puppen. Sicher ist es ein Irrtum anzunehmen, daß der Garten dem Erwachsenen weniger wichtig erscheint als den Kindern. Den Kindern erschließt sich sein Wert lediglich eindringlicher und erkennbarer. Selbst der kleinste Garten bietet Platz für eine Sandkiste, und ein mobiles Planschbecken läßt sich auch im naturnahen Garten aufstellen. Die versteckten, wilden Plätze zum Indianerspiel und Hüttenbau ergeben sich wie von alleine in den äußersten Gehölzecken des Gartens. Und wo es alte Bäume gibt, liegt der Bau eines Baumhauses nahe.

Naturerleben, Lernort

Spielend lernen wird im naturnahen Garten jedes Kind – und jeder Erwachsene. Hier passiert Unvorhergesehenes. Hier

107

entwickeln sich Dinge, die nicht geplant sind. Der Blick wird auf eine Fülle kleiner, aber wesentlicher Dinge gelenkt. Zum Beispiel wie Hummeln ihre Nester bauen, daß man Haselnüsse nicht nur kaufen, sondern auch ernten kann, daß es plötzlich Geräusche gibt, deren Herkunft man unbedingt erforschen muß – um sie dann endlich zum Beispiel als das Fiepen einer Spitzmaus zu identifizieren. Aber noch viel mehr wird bewußt. Die Natur ruht auch im Winter nicht. Knospen setzen an und stehen manchmal schon im Februar kurz vor dem Aufbruch. Und was sich unter dem herabgefallenen Laub alles an Frühjahrsblühern entwickelt, läßt sich auch nur in einem naturnahen Garten beobachten. Welche Pflanzen, Pflanzenteile und Früchte den Speisezettel des Hauses bereichern, lernen die Kinder auch und natürlich erfährt man so am besten, von welchen Pflanzen man die Finger läßt, wenn es ums Essen geht.

Kinder und Erwachsene erleben den Garten nicht nur als Konsumenten, sondern verwachsen mit ihm und werden oft genug ein Teil von ihm. Das zeigt sich immer dann, wenn für den Garten »mitgedacht« wird. Wenn die Kinder trotz Bewegungsdrang und Spielfreude ungezwungen und selbstverständlich auf die Besonderheiten des Gartens oder der Natur Rücksicht nehmen, wenn sie zum Beispiel den Igel nicht stören und Insekten nicht absichtlich zertreten.

Naturschutz im Garten

Alles, was ich bisher beschrieben habe, ist im Grunde praktischer Naturschutz, und so kann dieses Kapitel am Ende ein kurzes Schlußwort bleiben. Der Blick in die uns umgebende Natur zeigt mehr als deutlich, wie es um unsere Lebensbedingungen bestellt ist. Neben dem Kampf um die Erhaltung von natürlichen Lebensräumen im Großen kommt gerade in den dichter besiedelten Gebieten die Erhaltung oder Neuschaffung von Lebensräumen im Garten besondere Bedeutung zu, weil diese Aktivitäten sich millionenfach summieren und zwar im positiven wie im negativen.

Mit seinem Einsatz kann daher jeder Gartenbesitzer nicht nur etwas für den Schutz gefährdeter Tier- und Pflanzenarten tun, sondern er trägt auch dazu bei, daß unsere Umwelt nicht weiter zerstört wird und daß die Vielfalt, Eigenart und Schönheit unserer Natur und Landschaft erhalten und gefördert wird.

Literaturverzeichnis

Ehlers, Martin: Baum und Strauch in der Gestaltung der deutschen Landschaft. Verlag Paul Parey, Berlin u. Hamburg 1960.

Feßler, Alfred: Naturnahe Pflanzungen. Verlag Eugen Ulmer, Stuttgart 1988.

Friemer, Waldemar (Hrsg.): Grün ist Trumpf. Koblenz 1970.

Fritzsche, Helga: Tiere im Garten. Franckh'sche Verlagshandlung, Stuttgart 1983.

Gehmacher, Ernst: Psychologie und Soziologie der Umweltplanung. Verlag Rombach, Freiburg 1973.

Jaekel, Erhard: Gärten nach der Natur. Verlag Eugen Ulmer, Stuttgart 1984.

Kühnelt, Wilhelm: Grundriß der Ökologie. VEB Gustav Fischer Verlag, Jena 1965.

Leser, Hartmut: Landschaftsökologie. Verlag Eugen Ulmer, Stuttgart 1976.

Lindner, Ulrike: Der Hausgarten biologisch. Verlag Eugen Ulmer, Stuttgart 1987.

Oberholzer, Alex; Lässer, Lore: Naturgarten. Hallwag Verlag, Bern 1984.

Oltmanns, Friedrich: Das Pflanzenleben des Schwarzwaldes. Hrsg.: Badischer Schwarzwaldverein, Freiburg i. Br. 1922.

Rauschert, S.: Wiesen- und Weidepflanzen. Neumann Verlag, Radebeul 1972.

Schlüter, Uwe: Lebendbau. Callwey Verlag, München 1971.

Schulte, Wolfgang: Lebensraum Stadt. BLV, München 1984.

Schwarz, Urs: Der Naturgarten. W. Krüger Verlag, Frankfurt a. M. 1980.

Steinbach, Gunter (Hrsg.): Werkbuch Naturschutz. Franckh'sche Verlagshandlung, Stuttgart 1988.

Uexküll, Jakob von: Kompositionslehre der Natur. Ullstein, Frankfurt 1980.

Zander/Berner: Die Bienenweide. Verlag Eugen Ulmer, Stuttgart 1979.

Encke, Fritz, Buchheim, Günther, Seybold, Siegmund: Zander-Handwörterbuch der Pflanzennamen, 13. Aufl. Verlag Eugen Ulmer, Stuttgart 1984.

Register

Bildquellen

Farbfotos
Bartunek, A., Filderstadt: Seite 47.
Bauer, R., Braunsbach: Seite 14 oben, 78.
Baumeister, W., Stuttgart: Seite 85 unten.
Bender, R., Tholey-Theley: Seite 75 (2), 83 links.
Buer, F., Neustadt/Aisch: Seite 19, 55.
Dietrich, H., Freiburg: Seite 7, 18.
Felbinger, A., Leinfelden-Echterdingen: Seite 50, 51 links.
Fischer, E., Unterentersbach: Titelbild.
Gamerith, W., Wien: Seite 67 oben.
Kleeberg, J., Berlin: Seite 10, 11 (2), 14 unten, 37, 38, 40 (2), 42, 45, 49, 51 rechts, 53, 68, 73 (2), 88, 93 (2), 98, 104.
Köppel, L., Mühldorf am Inn: Seite 107.
Momen, H., Wien: Seite 26, 82 rechts, 85 rechts oben.
Reinhard, H., Heiligkreuzsteinach: Seite 83 rechts, 85 links.
Santor, P., Karlsruhe: Seite 27.

S.F.P., Paris: Seite 31, 36.
Schrempp, H., Breisach-Oberrimsingen: Seite 89.
Stehling, W., Hamburg: Seite 67 unten, 71, 101.
Steiner, H., Stuttgart: Seite 82 links.
Stifter, R., Wien: Seite 2, 54, 95.
Wirth, P., Leinfelden-Echterdingen: Seite 23, 33, 59, 63, 77, 99, 100.

Zeichnungen
Marlene Gemke, München: Seite 74, 77 und 80.
Helmuth Flubacher, Fellbach: Seite 43 und 44.
Jürgen Kleeberg, Berlin: Seite 92 (2), Seite 96/97.
Miriam Nöbel, Berlin: Seite 94.
Alle anderen Zeichnungen fertigte Bernd Burkhart, Stuttgart, nach Vorlagen des Autors bzw. aus der Fachliteratur.